ÉTUDES

SUR LA

THÉORIE DE L'ÉVOLUTION

AUX POINTS DE VUE

PSYCHOLOGIQUE, RELIGIEUX ET MORAL

PAR

L. CARRAU

Professeur de philosophie à la Faculté des lettres de Besançon.

PARIS

LIBRAIRIE HACHETTE ET Cⁱᵉ

79, BOULEVARD SAINT-GERMAIN, 79

—

1879

ÉTUDES

SUR LA

THÉORIE DE L'ÉVOLUTION

OUVRAGES DU MÊME AUTEUR :

Étude sur la théorie des passions dans Descartes, Malebranche et Spinoza; Paris, 1870, Thorin.

De sermonibus fidelibus Fr. Baconi Verulamii; Paris, 1870, Thorin.

La Morale utilitaire, Exposition critique des doctrines qui fondent la Morale sur l'idée du Bonheur; Paris, 1875, Didier et Cie. (*Ouvrage couronné par l'Académie des sciences morales et politiques et par l'Académie française.*)

TRADUCTION

La philosophie de l'histoire en France et en Allemagne, traduit de l'anglais de R. Flint, 2 vol.; Paris, 1878, Germer Baillière et Cie.

ÉDITIONS CLASSIQUES

Le *Phédon* de Platon, traduction nouvelle avec une introduction et des notes; Paris, Delalain.

Le 7e livre de la *République* de Platon, traduction française avec une introduction et des notes; Paris, Delalain.

Nous reproduisons ici, avec quelques modifications et additions assez notables, une série de travaux qui ont déjà paru dans les Comptes rendus des séances de l'Académie des sciences morales et politiques, dans la *Revue politique et littéraire* et la **Revue des Deux-Mondes**. L'intérêt croissant qui s'attache à la doctrine évolutionniste nous permet d'espérer pour le livre l'accueil bienveillant qu'ont reçu les études détachées dont il est sorti.

INTRODUCTION

Dans la science comme dans la politique, notre époque est décidément peu clémente aux prétentions du droit divin. Il n'y a pas bien longtemps encore, peu de gens contestaient que l'homme n'eût été établi par Dieu même souverain de tous les êtres qui l'entourent : l'origine sacrée de cette royauté rencontre aujourd'hui de véhéments et nombreux adversaires. Pour en rechercher les titres, on fouille curieusement les archives du genre humain ; on éventre les cavernes à ossements de la Dordogne et des Pyrénées, les tas de coquillages des côtes du Danemark, les *tumuli* de partout; on bouleverse les couches du diluvium, des terrains quaternaire et tertiaire, et l'on ne trouve plus, nous dit-on, à la place de l'Adam biblique, rayonnant de beauté, d'intelligence, qu'un troglodyte microcéphale, aux appétits de brute, sans famille, presque sans langage, condamné, pour ne pas périr, à une lutte de tous les instants contre les grands pachydermes, et tenant sa royauté précaire d'un couteau de silex ou d'un harpon d'os. Puis, à défaut de documents positifs, on remonte par l'induction dans un passé encore plus lointain, et l'on nous montre, aux derniers âges de l'époque secondaire, quelques singes, plus heureux ou plus avisés que les autres, prenant lentement l'habitude de la station droite, et, grâce à quelque privilège fortuit de leur organisation cérébrale, transformant en sons articulés, symbole de la pensée naissante, les cris rauques qui n'avaient traduit jusque-là que de bestiales sensations. Quant à cette noblesse originelle dont le récit de la Genèse fait resplendir le signe au front du premier homme, quant à ces facultés supérieures par lesquelles se serait établie tout d'abord, sans transition possible de la bête à nous, la souveraineté du *règne humain*, certaine science les déclare absolument chimériques. Nulle différence de nature entre l'intelligence de l'animal et la nôtre. De part et d'autre, les opérations mentales sont les mêmes; les produits seuls diffèrent : l'homme a plus d'idées; il aperçoit plus de rapports; il généralise davantage; mais ni l'abstraction, ni le jugement, ni la généralisation ne lui appartiennent en propre. La moralité, la religiosité, qu'on a tenté de maintenir comme suprêmes barrières entre l'animalité et l'humanité, se résolvent pour l'analyse en des conceptions qui ne supposent nullement chez l'homme d'autres facultés que celles dont sont doués les mammifères les plus parfaits.

On pourrait, il est vrai, répondre aux prétentions de la nouvelle doctrine par une fin de non-recevoir préjudicielle, en refusant absolument à la philosophie le droit de s'occuper des questions d'origine. Mais nous pensons qu'on aurait tort. Ces questions, quoi qu'en dise le positi-

visme, ne sont pas de celles que l'on puisse
supprimer. L'esprit humain s'obstine à les poser, et cette obstination même lui est une ga-
rantie qu'elles ne sont pas insolubles. Des problèmes qui s'agitent depuis le premier jour de la
réflexion ne se laissent pas facilement mettre
hors la science : fût-il démontré qu'on n'en saurait jamais percer toutes les ténèbres, chaque
siècle est tenu d'apporter son contingent de lumière et de fournir, sur ces différents points,
une approximation nouvelle de la vérité. Là est
peut-être le secret de la faveur que rencontre
aujourd'hui la doctrine de l'évolution. Origine
de la vie et des formes vivantes, origines de
l'instinct et de la pensée, de l'espèce humaine
et de l'organisme social, des idées morales et
religieuses, telles sont les questions que résout
l'évolutionnisme, avec une hardiesse aventu-
reuse bien faite pour inquiéter nos esprits français, habitués depuis tantôt soixante ans aux cir-
conspections timides des écoles écossaise et éclec-
tique ; et je ne répondrais pas que, sous réserve

de la nature même des solutions, l'évolutionnisme n'eût pour lui d'être en plus complet accord avec la grande tradition philosophique de
tous les temps. L'essence de la philosophie,
c'est d'être un système qui explique, autant que
possible, la genèse de tous les êtres et de tous
les phénomènes : là où l'expérience l'abandonne, elle a recours aux hypothèses; mais elle
manquerait à sa mission, si elle refusait d'aborder les problèmes d'origine, sous le prétexte
que les données positives lui manquent pour les
résoudre. Un grand philosophe est une intelligence héroïque que tente l'inconnu, qu'attire
l'inaccessible; il lui faut l'ambition sublime de
refaire par sa pensée l'univers, de retrouver dans
l'enchaînement de ses concepts l'unité de lien
causal qui va d'un bout à l'autre de la nature et
de l'histoire. Mais en même temps, et c'est là
son originalité et sa puissance, il doit faire concourir à cette œuvre toutes les connaissances
spéciales de son époque, et fonder sur les procédés les plus rigoureux de la science la légiti-

mité de ses généralisations les plus hautes. Par là seulement la philosophie est ce qu'elle doit être, l'expression la plus complète de l'esprit humain à un moment donné de son développement.

A ne tenir compte que de la largeur des vues, de la compréhension des formules, de la masse des faits ramenés à l'unité d'un système, nous ne craignons pas de dire que l'évolutionnisme est aujourd'hui ce que furent, au commencement de notre siècle, l'hégélianisme et le kantisme, ce que fut au xviie la philosophie de Descartes, et dans l'antiquité celle d'Aristote. Et nous le disons volontiers, parce qu'on ne gagne rien à méconnaître la grandeur d'une doctrine dont on repousse le principe et les conclusions. L'amour du vrai ne va pas sans une sympathie profonde pour toute entreprise sincère d'arriver au vrai, eût-elle dévié vers l'erreur; joint à cela qu'une conception philosophique ne saurait faire quelque fortune sans contenir une part importante de vérité, et que c'est cette vérité à qui l'on refuse hommage en dépréciant, par un faux zèle, les théories mêmes qui paraissent mériter les plus énergiques réfutations.

Nous allons même plus loin, et nous n'hésitons pas à dire, avec l'un des adversaires les plus décidés de l'évolutionnisme [1], que cette doctrine est l'objet d'injustes préventions. On affecte de croire qu'elle est inconciliable avec le dogme d'un Dieu personnel, créateur et providence. Rien n'est moins démontré. En admettant que les espèces supérieures soient sorties des espèces inférieures, il ne s'ensuit nullement que l'action divine soit bannie de l'univers et que l'aveugle mécanisme des propriétés et des forces de la matière suffise à tout expliquer. Il restera toujours vrai que le progrès, étant un passage du moins parfait au plus parfait, ne peut avoir sa raison d'être que dans une cause qui contienne *idéalement* toutes les perfections relatives auxquelles s'élève graduellement la nature dans le cours de son évolution. Cette marche vers le mieux, que l'on peut suivre de-

1. Le duc d'Argyll, *Primeval man*; Londres, 1870.

puis la formation de la nébuleuse primitive qui
donna naissance à notre système solaire, à travers les couches géologiques et les échelons
successifs des espèces végétales et animales, ne
peut être le résultat fortuit ou nécessaire du concours des atomes; elle manifeste un plan tracé
d'avance; elle s'accomplit suivant une ligne
dont une intelligence semble bien avoir déterminé les points essentiels. Influence des mi-
lieux, concurrence vitale, sélection naturelle ou
sexuelle, peu importent les causes : leur action
n'est jamais que secondaire et subordonnée à
la poursuite d'un but dont la nature n'a pas conscience, mais qui est la vraie cause de son évolution, puisqu'il en est la cause finale. On peut
même se demander si le transformisme n'est
pas, plus que la théorie des créations successives, en harmonie avec l'idée que nous nous faisons de la puissance et de la sagesse divines. Il
y a, en effet, quelque difficulté à concevoir Dieu
intervenant directement chaque fois qu'apparaît
sur le globe une espèce nouvelle, comme un

ouvrier obligé de retoucher de temps en temps son ouvrage pour le rendre plus parfait ; nous trouverions peut-être plus habile celui qui dès le principe aurait déposé dans l'œuvre même les conditions de ses perfectionnements ultérieurs.

Créateur des lois qui gouvernent l'univers, Dieu ne serait pas diminué si les mêmes lois qui assurent la propagation des individus d'une même espèce déterminaient aussi, dans certaines circonstances, l'éclosion d'espèces nouvelles et supérieures au sein des formes plus anciennes et plus élémentaires de la vie. Une loi nous paraît d'autant plus conforme à la suprême sagesse qu'elle peut rendre compte d'un plus grand nombre d'effets ; fût-il prouvé que la genèse des espèces s'explique en dernière analyse par les lois ordinaires de la génération, nous n'aurions qu'un motif de plus de glorifier l'intelligence infinie et la toute-puissance du Créateur.

Il est vrai que, pour la plupart, les adeptes du transformisme ne l'entendent pas ainsi. Ils s'en font, au contraire, une arme contre les dogmes fondamentaux du théisme philosophique. Ils ne dissimulent pas leur espérance de chasser peu à peu la cause première de toutes les positions où son action directe semblait autrefois indispensable. Expliquer par le transformisme l'origine des espèces, c'est rendre inutiles les créations successives ; faire de la vie une combinaison particulière des mouvements des atomes et molécules organiques, c'est encore déposséder, au profit de l'activité aveugle de la matière, le dieu des théologiens et des spiritualistes ; un dernier effort d'induction ou d'hypothèse, et le voilà définitivement détrôné ; la matière nécessaire et éternelle dispensera d'avoir recours à lui pour rendre compte du premier commencement des choses, et la science congédiera, sans même la remercier de ses services, cette entité transcendante dont l'ignorance a fait jusqu'ici tout le prestige.

C'est cet espoir bruyamment annoncé qui a conquis au transformisme bon nombre d'adhésions peu scrupuleuses sur la valeur des preuves.

Par cela seul qu'elle tend à rendre inutile la conception d'une cause première distincte de la matière, une théorie a, pour certaines gens, un mérite qui la dispense d'être démontrée. Le transformisme a l'air de battre en brèche l'idée d'un Dieu créateur : cela suffit pour qu'il soit vrai. — Un pareil raisonnement est profondément antiscientifique. Le problème de l'origine première des choses est et restera toujours un problème transcendant : la science positive ne peut aspirer à le résoudre, sous peine d'être infidèle à l'esprit de sa propre méthode. L'observation et l'expérience seront ici éternellement incompétentes. La tentative de tout expliquer par le jeu des forces naturelles, légitime tant qu'il ne s'agit que des anneaux intermédiaires de la série des êtres et des formes, devient nécessairement illusoire et illogique quand elle prétend rendre compte du commencement même de toute la série.

Les dogmes essentiels du théisme philosophique n'ont donc rien à craindre, quelles que

soient d'ailleurs les intentions hostiles que nour-
rissent à leur égard certains partisans de la nouvelle doctrine. De toute manière, la question de
l'existence de Dieu est hors de cause. Le transformisme est-il ou non fondé en logique et en fait?
Voilà tout le débat, et l'on comprendrait mal
que la passion vînt s'y mêler, s'il est bien entendu que l'issue, fût-elle favorable au transformisme, ne compromettrait aucune grande vérité
de l'ordre métaphysique.

Nous n'avons pas la prétention, dans les études qui vont suivre, d'avoir même abordé tous
les côtés du sujet. Nous avons voulu seulement
discuter certains points essentiels : origine de
l'instinct et de la pensée, origine de l'homme
et de quelques-unes des notions et facultés qui
constituent l'esprit humain. Si nous avons réussi
à montrer que ces graves problèmes sont loin
d'être résolus par les principes du transformisme, nous avons accompli la modeste tâche
que nous nous étions tracée.

ÉTUDES

SUR LA

THÉORIE DE L'ÉVOLUTION

PREMIÈRE ÉTUDE

ORIGINE DE L'INSTINCT ET DE LA PENSÉE

Tant que le transformisme se borne à proposer ses théories sur l'origine des espèces vivantes, nous estimons que la philosophie ne saurait intervenir, sans être suspecte d'outrepasser les limites de sa compétence : c'est affaire à débattre entre naturalistes. — Il n'en est plus de même quand on pénètre dans le monde de l'instinct ; ici le psychologue reprend ses droits. L'instinct, c'est déjà quelque chose de plus que l'organisme vivant ; c'est la conscience, aussi obscure que l'on voudra, et le transformisme est avant tout tenu de prouver que la conscience, sous la forme inférieure de l'instinct, peut sortir de la matière animée. Nous allons

1

essayer de montrer, dans cette première étude, que cette démonstration, pour lui d'importance capitale, le transformisme ne l'a pas fournie, et, osons l'ajouter, qu'il ne peut la fournir.

I

Le véritable fondateur de la théorie transformiste est Lamarck. On l'oublie trop aujourd'hui, et Darwin a eu la bonne fortune d'attirer à lui, sans le vouloir, le principal honneur de cette grande et séduisante conception. La faute en est toute à Lamarck ; il a cru que la nouveauté, l'importance de ses idées le dispensaient de leur donner une forme présentable. Son style, lourd, plat, diffus, souvent incorrect, ses perpétuelles répétitions, rendent presque méritoire la lecture complète de la *Philosophie zoologique* et de l'*Introduction à l'histoire naturelle des animaux sans vertèbres*. Mais une excursion prolongée dans ces arides volumes laisse, malgré tout, l'impression d'une pensée étendue et forte, d'un esprit vraiment créateur, dont l'intuition a souvent devancé quelques-unes des découvertes les plus récentes de la géologie et de la physiologie.

Il nous a paru cependant que Lamarck n'est transformiste qu'avec bien des réserves, et que sa théorie se rapproche en somme beaucoup de celle que le spiritualisme serait disposé à accepter. Une analyse rapide de ses idées sur l'instinct va nous en convaincre.

Lamarck définit l'instinct « un penchant qui entraîne, que des sensations provoquent en faisant naître des besoins, et qui fait exécuter des actions sans la participation d'aucune pensée ni d'aucun acte de volonté [1] ». D'après cette définition, il faut distinguer dans l'instinct :

1° La sensation ;

2° Le besoin provoqué par la sensation ;

3° Le penchant, que réveille le besoin senti ;

4° L'action, terme final de cet enchaînement de causes et d'effets.

L'analyse de Lamarck, on ne peut le nier, est exacte et pénétrante ; ce sont bien là les éléments psychologiques de l'instinct. Le mécanisme des organes suffit-il à en rendre compte ? Tout l'effort du système transformiste doit tendre à le prouver.

Selon Lamarck, la sensation, condition première

---

1. *Phil. zool.*, t. II, p. 324 (III⁰ part., ch. v).

de tout acte instinctif, ne suppose pas un principo immatériel, distinct de l'organisme. Est-ce à dire que pour lui la matière soit capable de sentir? Nullement. Ce matérialisme grossier n'est pas son fait. La sensation résulte de l'harmonie qui existe dans les parties du système nerveux [1].

Ainsi, aucun élément du système nerveux, pris à part, ne peut sentir; mais l'unité de tous ces éléments est la cause organique de la sensation. Cette unité se manifeste par l'existence d'un organe spécial, « centre de rapport, » le cerveau : et c'est chez les insectes que s'en dessinent, dans les ganglions trilobés, les premiers linéaments.

Donc l'instinct ne commence qu'au monde des insectes; dans leurs cerveaux rudimentaires paraissent, avec la sensation, les premières et incertaines lueurs d'une conscience absolument incapable de réflexion et de volonté. Quant aux mouvements des animaux inférieurs, ils sont l'effet d'une irritabilité aveugle, que provoque l'influence des causes externes.

Système nerveux et cerveau ne peuvent agir par eux-mêmes; ils ne sont que le véhicule et le récep-

1. T. II, p. 353.

tacle d'un fluide, cause véritable de tous les phénomènes de sensation et des mouvements qui en
résultent. Lamarck, devançant les expériences de
du Bois-Reymond, voit dans ce fluide l'électricité
animalisée.

Et maintenant, comment se produisent, à l'intérieur de l'animal, le système nerveux, le cerveau,
le fluide qui les anime? Par l'action de la nature.
Mais ce mot *nature*, qui n'est chez la plupart qu'un
aveu d'ignorance, a chez Lamarck une signification très-précise. La nature est pour lui « l'instrument de la volonté suprême »; elle traduit dans
l'univers une pensée qu'elle ignore; elle est l'ordre
des phénomènes, ordre que la matière ne peut ni
produire ni expliquer. Ce qui la constitue, ce sont
le mouvement et les lois : le mouvement, qui n'est
essentiel à aucun corps; les lois, manifestations
directes de la volonté divine, causes d'inaltérable
harmonie. A sa disposition sont incessamment
l'espace et la durée [1].

1. « La nature est un ordre de choses, étranger à la matière, déterminable par l'observation des corps, et dont
l'ensemble constitue une puissance inaltérable dans son
essence, assujettie dans tous ses actes et constamment
agissante sur toutes les parties de l'univers. » (*Introduction
à l'histoire naturelle des animaux sans vertèbres*, 2ᵉ édition,
p. 260.) — « La nature n'est que l'instrument, que la voie

Cette haute conception philosophique nous semble mettre Lamarck à l'abri des objections sous lesquelles succombé le transformisme matérialiste de Hæckel, de Büchner, de K. Vogt. Sans être une substance, l'ordre qu'exprime la nature est profondément distinct des corps et des phénomènes qu'il régit; il n'a pas en eux sa raison d'être; c'est lui au contraire qui les fait exister. L'ordre, cause directrice et cause finale du mouvement universel, qu'est-ce autre chose que l'intelligence divine, substituée, comme explication suprême, à l'aveugle nécessité d'un mécanisme absolu?

Nous avions donc raison de dire que Lamarck est moins éloigné des solutions spiritualistes qu'on ne le croit communément. En dernière analyse, ce n'est, pour lui, ni la matière cérébrale, ni même le fluide nerveux qui donne véritablement naissance à la sensation: c'est la volonté même du Créateur; car c'est elle qui, par l'intermédiaire de son mi-

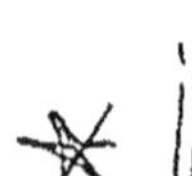

particulière qu'il a plu à la *puissance suprême* d'employer pour faire exister les différents corps, les diversifier, leur donner soit des propriétés, soit même des facultés, en un mot pour mettre toutes les parties passives de l'univers dans l'état mutable où elles sont incessamment. Elle n'est en quelque sorte qu'un intermédiaire entre Dieu et les parties de l'univers physique, pour l'exécution de la volonté divine. » (*Ibid.*, p. 272.)

nistre, la *nature*, dispose dans l'animal, selon un plan tracé d'avance, et sous la loi d'une unité d'harmonie qu'on pourrait appeler une *idée*, les conditions physiologiques sans lesquelles la sensation ne se produirait pas.

La sensation, avons-nous dit, éveille dans l'animal des besoins. Ces besoins, qui ne peuvent être éprouvés que là où se trouve un système nerveux, se ramènent à trois principaux : 1º besoin de prendre de la nourriture ; 2º besoin de se livrer à la fécondation sexuelle ; 3º besoin de fuir la douleur, et, pour les animaux les plus élevés, de chercher le plaisir ou le bien-être [1].

Ces besoins, pour être sentis, supposent chez l'animal une conscience obscure de l'existence, que Lamarck appelle *sentiment intérieur*. Mais ce sentiment, Lamarck l'a bien vu, ne va pas sans une certaine activité, et cette activité, bien que dénuée de toute spontanéité propre, et dépendante, quant à son origine, des ébranlements généraux du fluide nerveux [2], n'en est pas moins, par son essence, distincte de la matière où elle réside. « La nature, dit Lamarck, transporte dans l'intérieur des ani-

---

1. *Phil. zool.*, t. II, p. 325.
2. *Ibid.*, p. 279.

maux la puissance d'agir, c'est-à-dire elle crée, au moyen du système nerveux, ce sentiment intérieur, source de la force qui fait produire les actions. »

Les besoins, éveillés par les sensations et vaguement perçus par le sentiment intérieur, donnent naissance aux penchants. Mais ces penchants sont-ils, comme les besoins primitifs, innés et essentiels à tout centre nerveux? Non; ce sont des tendances acquises, des habitudes plus ou moins modifiées par les circonstances extérieures et perpétuées, de génération en génération, par l'hérédité.

Le sentiment intérieur, sollicité par le besoin, peut mouvoir une portion du fluide nerveux qui reste, pour ainsi dire, à sa disposition, et le dirige vers telle ou telle partie du corps. Peut-être même qu'à l'origine la nature s'est contentée de faire un cerveau rudimentaire, d'y mettre de l'électricité : ces simples conditions ont suscité, dans le centre obscur de matière blanche, une faible lueur de conscience; et cette conscience, prenant en main la direction du fluide, l'a fait couler avec effort à travers la masse de l'organisme et a dessiné ainsi peu à peu, en rayonnant du centre cérébral aux extrémités du corps, les canaux des nerfs et des muscles. Quoi qu'il en soit de cette conjecture, sur laquelle Lamarck n'insiste pas, il est certain, selon lui, que le fluide nerveux se précipite de préférence dans les voies qu'une série d'actions répétées lui a déjà ouvertes : de là le développement, l'accroissement, par l'usage et l'habitude, de certains organes, l'atrophie de certains autres, devenus, par le changement des circonstances, inutiles ou nuisibles ; de là les modifications presque illimitées des formes organiques, et la répétition mécanique, involontaire, instinctive, des mouvements les plus propres à la satisfaction des besoins.

Ce point du système de Lamarck est le plus connu. On sait comment il explique, par l'action des circonstances extérieures, l'habitude et l'hérédité, la longueur des jambes de devant et du cou de la girafe, les griffes puissantes des carnassiers, l'épais sabot, les cornes et les bois des ruminants. Sur ces derniers, il s'exprime ainsi : « Dans leurs accès de colère qui sont fréquents, surtout entre les mâles, leur sentiment intérieur, par ses efforts, dirige plus fortement les fluides vers cette partie de leur tête, et il s'y fait une sécrétion de matière cornée dans les uns, et de matière osseuse dans les autres, qui donne lieu à des protubérances solides : de là l'origine des cornes et des bois dont la plupart de ces animaux ont la tête ornée [1]. »

Les mêmes explications rendent compte de l'industrie merveilleuse de certains animaux. Les besoins essentiels qui les portent à se nourrir, à se reproduire, à fuir la douleur et à rechercher le bien-être, les déterminent à des actions qui varient pour chaque espèce. Ces actions penvent être plus ou moins compliquées, selon les difficultés à vaincre et la nécessité des circonstances : ceux-ci ont dû fabriquer des toiles pour arrêter au passage leur proie ailée ; ceux-là, construire des cônes de sable mobile qui, s'écroulant sous le poids de quelque insecte imprudent, le livre sans défense à leur faim. Quelque divers que soient les moyens, le principe est toujours le même : le sentiment intérieur poussé par le besoin et agissant en dehors de toute réflexion. La répétition fréquente du même acte engendre l'habitude, qui façonne l'organisme à son image, s'imprime en lui, s'y fixe à toujours, se fortifie de toutes les impressions que l'organisme ainsi modifié fait naître à son tour, et, par une sorte de réaction dans le sentiment intérieur, devenue penchant irrésistible, propagée par l'hérédité,

1. *Phil. zool.*, t. I, p. 256.

constitue l'immuable instinct de l'espèce entière [1].

Jusqu'ici, ni l'intelligence ni la volonté n'ont paru. Pour les produire, une nouvelle condition est nécessaire; il faut un autre organe que celui de la sensation. La sensation n'est possible que dans un centre cérébral : l'intelligence exige, pour se manifester, la présence des hémisphères cérébraux, ou, selon le mot employé par Lamarck, de l'*hypocéphale.* On ne saurait trop remarquer que Lamarck n'attribue nullement au concours aveugle et fortuit des forces matérielles l'existence du cerveau et des hémisphères. Ces conditions organiques de la sensation et de l'intelligence sont l'œuvre de la nature, obéissant au plan providentiel, à une loi générale de perfectionnement. « Lorsque la nature fut parvenue à transporter dans l'intérieur des animaux la puissance d'agir, c'est-à-dire à créer, au moyen du système nerveux, ce *sentiment intérieur,* source de la force qui fait produire les actions, elle perfectionna ensuite son ouvrage, en créant une seconde puissance intérieure, celle de la *volonté* qui naît des actes de l'intelligence et qui seule peut réussir à faire varier les actions

____

1. *Phil. zool.,* t. II, p. 327.

habituelles. La nature n'eut besoin, pour cela, que d'ajouter au système nerveux un nouvel organe, celui dans lequel s'exécutent les actes de l'intelligence, et que de séparer du foyer des sensations, ou des perceptions, l'organe où se forment les idées, les comparaisons, les jugements, les raisonnements, en un mot les pensées [1]. »

Il semble que la physiologie la plus récente tende à confirmer expérimentalement les vues théoriques de Lamarck. Comme lui, c'est dans la moelle allongée, la protubérance, les corps striés, les couches optiques, qu'elle est disposée à placer le siège de la vie purement sensitive et instinctive. Comme lui, elle voit dans les hémisphères les organes de l'intelligence et de la volonté. Ces intuitions de Lamarck sont d'autant plus remarquables, qu'il en tire une conséquence dont, en face du sensualisme alors dominant de Condillac, de Tracy, de Cabanis, la valeur n'était pas médiocre : c'est que l'idée est de sa nature profondément distincte de la sensation [2].

1. *Phil. zool.*, t. II, p. 338-339.
2. « On peut penser sans sentir, et on peut sentir sans penser... C'est à tort que l'on a confondu le système des sensations avec le système qui produit les actes de l'entendement. » (*Phil. zool.*, t. II, p. 271.)

Quel est donc, dans la production de la pensée, le rôle des hémisphères, et quels sont les rapports de leurs fonctions avec celles du centre sensitif, du cerveau proprement dit? C'est encore le fluide nerveux qui explique tout. Circulant dans les fibres, infiniment ténues, qui composent la masse des hémisphères, il aboutit à de petites cavités sur la surface interne desquelles il imprime une trace, cause physiologique de l'idée simple. Ces cavités, est-il besoin d'en faire la remarque? ce sont les cellules cérébrales de la physiologie contemporaine.

La production d'une idée simple est le résultat d'un double mouvement. Il faut d'abord que l'organe de la sensation, c'est-à-dire le cerveau proprement dit, reçoive l'impression du fluide ébranlé par l'action de l'objet extérieur. — Il faut ensuite que cet ébranlement soit porté dans l'organe intellectuel et qu'il y laisse une trace analogue à celle qu'il a gravée dans l'organe sensitif. Le sentiment nitérieur ou conscience est immédiatement averti de ces opérations cérébrales, et l'idée est perçue.

Mais la condition première de tout ce mécanisme est une condition psychologique, l'attention. L'attention doit, selon Lamarck, préparer l'organe intellectuel, en ouvrir les canaux; elle doit encore diriger le fluide de telle sorte que la conscience, s'éveillant, soit avertie de la présence d'une idée et devienne ensuite capable de la reproduire au gré de l'individu [1]. Ce rôle de l'attention met en pleine lumière la spontanéité propre du principe pensant. Il est étrange, après cela, que Lamarck fasse de la détermination volontaire le résultat fatal des opérations intellectuelles, et nie l'existence du libre arbitre.

C'est donc en réalité l'attention qui transforme la sensation en idée. Toute idée a son origine, directement ou indirectement, dans une sensation; mais une sensation ne devient jamais par elle-même une idée. Sans doute, l'attention elle-même est provoquée à agir par les besoins qui sollicitent le sentiment intérieur; mais il suffit que Lamarck lui reconnaisse le pouvoir de prendre en main la direction du fluide nerveux dans les hémisphères; il suffit qu'il lui attribue la faculté de réfléchir sur la sensation, pour qu'on soit en droit de voir dans son système autre chose que le pur sensualisme de Condillac, ou le mécanisme matérialiste de Cabanis.

1. *Phil. zool.*, t. II, p. 376.

D'après ce qui précède, tous les animaux qui possèdent des hémisphères sont, à quelque degré, doués d'intelligence et de volonté. Leur intelligence est en proportion de la perfection de leur organe intellectuel; mais celui-ci, par l'exercice et l'habitude, peut, comme tous les autres organes, se développer et s'accroître. L'exercice et l'habitude ont leur origine dans le besoin. Selon que le besoin provoque ainsi l'action répétée de telle ou telle faculté intellectuelle, telle ou telle partie des hémisphères se développe : la faculté s'y localise, sans que l'indivisibilité du *moi* animal s'en trouve atteinte. — Le principe de la phrénologie est vrai; seules les explications de détail sont téméraires.

Tous les vertébrés ayant des hémisphères cérébraux, tous, plus ou moins, sont intelligents. Tous ont la faculté, bien que rarement ils en usent, de modifier par la volonté, sous la contrainte des circonstances extérieures, les impulsions fatales de l'instinct. Les premières lueurs de l'intelligence s'allument dans le cerveau des poissons, et vont grandissant à mesure, chez les reptiles, chez les oiseaux, les mammifères, et enfin chez l'homme.

Nulle différence de nature ne sépare l'homme des plus parfaits vertébrés. Ses besoins essentiels

sont les mêmes ; les idées sont seulement plus
nombreuses et plus complexes, parce qu'elles
expriment un plus grand nombre d'objets. Ses
jugements, par cela même, sont plus exposés à
l'erreur que ceux des animaux. La raison n'est, au
fond, que la rectitude des jugements, leur confor-
mité avec la vraie nature et les vrais rapports
des choses. Tout animal capable de juger est donc
à quelque degré raisonnable.

Néanmoins le développement supérieur que
prennent dans l'homme la sensibilité et l'intelligence donne chez lui naissance à des phénomènes
mentaux qui lui sont propres. Il est le seul être
qui craigne la mort, parce qu'il est le seul qui l'ait
remarquée. De là une répugnance instinctive pour
la destruction de son être, et, par suite, l'idée d'une
autre vie, dont l'espoir le console de la fragilité et
de la brièveté de celle-ci. Cette idée se fortifie de
la croyance en Dieu, que lui révèle l'observation
de la nature ; les sentiments religieux du cœur
humain ne sont ainsi que le produit le plus élevé
de cette faculté de jugement qui est commune à
tous les animaux intelligents.

La moralité est une conséquence de l'amour bien
entendu de soi-même, joint à l'amour de la sagesse.

Mais cet amour, exclusivement propre à l'homme, qu'est-il autre chose, sinon l'effet de la raison, c'est-à-dire encore de la faculté d'observer, de comparer, de réfléchir, de méditer, en un mot du jugement?

Nous ne poursuivrons pas plus loin l'exposition du système de Lamarck; nous retrouverons tout à l'heure l'occasion de discuter celles de ses idées qu'a reprises pour son compte le transformisme contemporain. Ce que nous nous sommes proposé de remettre en lumière, c'est avec quelles réserves et quelles restrictions Lamarck est transformiste. Non, il ne croit pas que, depuis la cellule jusqu'à l'homme, la matière puisse par elle-même, et par des complications de structure qu'aucun principe intelligent ne dirige, franchir les nombreux échelons d'un progrès régulier; il affirme avec énergie l'existence d'un plan divin; il en retrouve les grandes lignes, il en suit le déroulement majestueux sous l'enchevêtrement des circonstances perturbatrices. Si, pour ne pas faillir aux exigences de la méthode scientifique et faire indiscrètement descendre la Providence aux détails du gouvernement de l'univers, il cherche dans la nature l'origine de l'instinct et de la pensée, cette nature, ne l'oublions pas, n'est pas pour lui la totalité confuse des corps inertes et des phénomènes qui remplissent l'espace et la durée : elle est l'incessante activité du mouvement qui passe d'un corps à l'autre, n'appartient en propre à aucun ; elle est l'ordre éternel qu'expriment les lois du monde, raison d'être et cause finale des modifications infiniment variées de la matière. Dans le développement historique de la vie animale, deux fois, nous l'avons vu, la nature intervient, la première pour créer le cerveau, foyer du sentiment intérieur, la seconde pour ajouter au cerveau l'organe de l'intelligence. Sans doute, cette théorie ne fait pas assez profonde la séparation entre l'homme et les vertébrés, exagérant peut-être la distance qui sépare ceux-ci des animaux inférieurs ; mais, à tout prendre, elle se maintient dans les grandes lignes du spiritualisme et du théisme, dont nous allons voir dévier de plus en plus les continuateurs des idées de Lamarck, MM. Darwin et Spencer.

II

L'éminent auteur du *Matérialisme contemporain* [1], dans sa rapide et pénétrante critique de

1. M. Paul Janet. — On peut voir aussi sur la théorie de

l'hypothèse darwinienne, a mis en pleine lumière l'impuissance du transformisme à expliquer l'origine des instincts si variés des animaux. Cette démonstration, nous ne pouvons mieux faire que de la reprendre et de la développer.

Comme Lamarck, M. Darwin est disposé à ne voir en général dans l'instinct qu'une habitude héréditaire. Seulement, le développement des instincts s'explique principalement, selon lui, par une cause que Lamarck n'a fait qu'entrevoir, la sélection naturelle ; et, quant à leur origine, il la rapporte en grande partie à l'influence de ce qu'il appelle les *variations accidentelles*. 

Il y a donc, dans la théorie de M. Darwin, deux points assez différents : le développement et la transmission des instincts acquis ; la formation de ces instincts. Sur le premier point, la théorie nous paraît en mesure de répondre tant bien que mal aux difficultés ; il n'en est pas de même pour le second.

Admettons, par exemple, qu'une femelle de coucou ait acquis, ainsi que l'explique M. Darwin, l'habitude de déposer ses œufs dans des nids étrangers. Cette habitude lui est avantageuse ; elle la dispense

l'origine de l'instinct, selon M. Darwin, le remarquable ouvrage d'Alb. Lemoine, *l'Habitude et l'Instinct.*

des fatigues et des dangers d'une longue incuba-
tion. Comme toute modification utile, elle assure à
l'individu quelques chances de plus dans la lutte
pour l'existence. Toutes choses égales d'ailleurs,
notre coucou femelle vivra donc plus longtemps
que les autres oiseaux de son espèce, laissera des
petits plus forts ou plus nombreux. Cette disposition habituelle, l'hérédité la fixe dans les générations suivantes; la sélection élimine peu à peu les
individus qui ne l'ont pas acquise; mettez-y le
temps, et cet instinct bizarre sera devenu aussi
essentiel à l'organisation mentale du coucou d'Europe que le bec et les plumes à son organisation
physique.

Disons tout d'abord que le fait de la transmission
héréditaire de certaines habitudes nous semble
incontestable. Chez les animaux, de nombreux
exemples l'établissent [1]. Chez l'homme, beaucoup
de faits curieux semblent prouver l'existence de la
même loi. Comment expliquer, par exemple, cette
tendance instinctive au vol, au mensonge, qu'on a
vue se manifester presque irrésistiblement chez
certaines familles occupant une position aisée?

---

1. **Voy.** Th. Ribot. *De l'hérédité,* ch. I, p. 19 sq.

On peut contester l'exactitude des faits ; mais il est difficile, une fois admis, de les interpréter autrement [1].

On objectera qu'un acte fortuit, même répété plusieurs fois, ne peut engendrer une habitude assez puissante pour modifier l'organisme et se transmettre par hérédité. — Cette objection peut être valable pour l'espèce humaine, où la multiplicité et la variété infinies des actes volontaires contrarient la formation d'habitudes irrésistibles et les opposent souvent les unes aux autres ; elle nous parait sans force quand il s'agit des animaux. Qu'on essaye de se figurer l'état mental d'une femelle de coucou : dans cette étroite intelligence, gouvernée par deux ou trois instincts despotiques, surgit une idée nouvelle : celle de déposer des œufs dans d'autres nids. Quelle que soit la cause de cette idée, on comprend sans peine la perturbation profonde qu'elle produit dans l'équilibre intellectuel de notre oiseau ; on comprend par suite qu'elle affecte instantanément et gravement l'organe cérébral, lui imprime une durable empreinte : le cerveau des petits hérite à la fois

---

1. Voy. Darwin, *Descend. de l'homme*, t. I, p. 108 (trad. franç.).

de cette modification organique et de la disposition instinctive, désormais indissolublement unies.

Tout porte à croire en effet que les modifications cérébrales ont une tendance à se reproduire comme celles de quelque autre organe que ce soit. Quelle autre explication donner de l'hérédité de la folie? Et lors même qu'on admettrait, contre toute analogie, qu'il existe dans l'entendement humain certaines idées qui ne sont liées à aucune action du cerveau, rien ne nous autorise à penser qu'il en soit jamais ainsi chez l'animal. L'hérédité probable des dispositions, si faibles qu'elles soient, de l'organe encéphalique, explique donc la transmission de ces habitudes acquises que nous appelons des instincts.

On a dit que cette disposition même, organique ou mentale, doit s'affaiblir à mesure, et disparaître enfin par l'effet du croisement. — Cette objection est grave, et l'auteur d'un livre remarquable sur l'instinct [1] la croit décisive. Mais l'hérédité a réponse à tout. Nombre de faits établissent que certains caractères se transmettent exclusivement aux descendants du même sexe; pourquoi l'habi-

1. M. Joly.

tude acquise de notre coucou ne se propagerait-elle pas de femelle en femelle? Peu importent ici les croisements : l'influence des mâles est nulle pour la transmission d'un instinct qui ne les regarde pas. D'ailleurs on suppose sans motif que les habitudes sont primitivement acquises par un seul animal; mais rien n'empêche d'admettre que par l'action de circonstances identiques, et dans une même région, elles naissent chez plusieurs à la fois. Les petits de ces individus modifiés ont ainsi toute chance pour se rencontrer et s'accoupler; la sélection assure rapidement leur victoire dans la lutte pour l'existence; les croisements avec des individus moins favorisés n'ont donc ni l'occasion ni le temps de défaire la variété nouvelle qui, au bout de quelques générations, a décidément supplanté l'espèce dont elle est sortie.

On a rapporté un fait qui semble absolument réfractaire à toutes les explications du darwinisme : « Chez les *pompiles...* les mères ont un genre de vie profondément différent de leurs petits, car elles-mêmes sont herbivores, et leurs petits sont carnivores. Elles ne peuvent donc point, par leur propre exemple, présumer ce qui conviendra à leurs enfants. Recourra-t-on ici à l'habitude héréditaire? Mais il a fallu que cet instinct fût parfait dès l'origine, et il n'est pas susceptible de degrés; une espèce qui n'aurait pas eu cet instinct précisément tel qu'il est n'aurait pas subsisté, puisque, les petits étant carnivores, il leur faut absolument une nourriture animale toute prête quand ils viendront au monde. Si l'on disait que les larves ont été originairement herbivores, et que c'est par hasard et sans but que la mère, attirée peut-être par un goût particulier, est allée pondre ses œufs dans des cadavres; que les petits, naissant dans ce milieu, s'y sont peu à peu habitués et d'herbivores sont devenus carnivores, puis que la mère elle-même s'est déshabituée de pondre dans des cadavres, mais que, par un reste d'association d'idées, elle a continué à aller chercher de ces cadavres, devenus inutiles pour elle, et à les placer auprès de ses propres œufs, et tout cela sans but, — on multiplie d'une manière si effroyable le nombre des accidents heureux qui ont pu amener un tel résultat, qu'on ferait beaucoup mieux, ce semble, de dire que l'on n'y comprend rien [1]. »

Aucun partisan du transformisme n'a encore

---

1. M. Janet, *Le matérialisme contemporain*, p. 178.

répondu à l'objection qui est ici proposée. Comment nier en effet une si merveilleuse et si évidente appropriation? Pourtant, si nous étions darwinien, nous trouverions peut-être quelque arme défensive dans l'arsenal varié et complaisant des lois de l'hérédité. Voici ce qu'on pourrait dire : A l'origine, tous les *pompiles*, larves et insectes parfaits, furent carnivores, et les mères acquirent de bonne heure l'habitude de placer près de leurs petits les cadavres dont elles se nourrissaient elles-mêmes. Puis, la nourriture devenant rare, quelques mères purent s'habituer au régime herbivore, ce qui, dans la lutte pour l'existence, leur assura l'avantage, ainsi qu'à leurs descendants. Mais l'instinct primitif persista, et toujours les mères continuèrent à chercher des cadavres pour leurs larves. On sait de plus que les dispositions héréditaires ont une tendance à se manifester chez les enfants aux mêmes époques de la vie que chez les parents : c'est ce que Hæckel appelle *loi d'hérédité homochrone* [1]. On comprend donc à la rigueur que les larves, arrivées à l'état d'insectes parfaits, cessent d'être carnivores pour devenir herbivores. Nous

1. *Histoire de la création des êtres organisés* (traduction française), p. 195.

donnons cette explication pour ce qu'elle vaut ; il
y a là sans doute une accumulation invraisemblable
d'accidents heureux : nous voulions seulement
montrer que les principes du transformisme ne
restent pas absolument sans réponse dans le cas
difficile et curieux dont il s'agit.

Il faut d'ailleurs, dans toute cette question, tenir
de la durée plus de compte qu'on ne fait ordinairement. A l'action des causes et des lois, la nature
dispense les siècles à pleines mains : une modification insensible, ajoutée à elle-même et dans une
direction constante pendant des milliers de générations, peut produire des effets qui semblent hors
de toute proportion avec la petitesse du mouvement initial. Mais cette direction constante, comment se maintiendra-t-elle ? Par la concurrence et
la sélection. La dure nécessité de vaincre pour
vivre entretient et développe dans l'individu, dans
la variété, dans l'espèce, tout caractère avanta-
geux, si faible qu'il soit à l'origine.

Mais cette origine, qu'est-ce qui l'explique ? Là
est, selon nous, pour le transformisme, l'insurmon-
table difficulté. Nous accordons, si l'on veut, que
la sélection et l'hérédité suffisent à conserver les
variations, organiques ou mentales, une fois acqui-

ses : comment ces variations mêmes prennent-elles naissance ? M. Darwin ni ses disciples ne sont en état d'en rendre compte.

Restons dans les limites de notre sujet, et ne considérons que l'instinct. Des variations qui produisent les habitudes devenues héréditaires et instinctives ne peuvent être que de deux sortes : internes ou externes.

Elles sont internes, quand c'est une modification mentale de l'animal qui le détermine à une nouvelle action. Notre coucou de tout à l'heure s'est décidé un certain jour à déposer un œuf dans un nid étranger : voilà une variation accidentelle interne ; rien dans l'organisation physique de l'oiseau ne lui imposait fatalement cette résolution ; il l'a prise, poussé par un besoin vaguement senti.

Mais le besoin, chez un être qui n'a ni réflexion ni volonté, ne peut se modifier lui-même ; il va toujours un même train uniforme ; il inspire toujours les mêmes mouvements et les mêmes actes ; il est une impulsion toute mécanique. Un besoin qui se diversifie selon les circonstances et se plie de préférence aux plus avantageuses manifeste à quelque degré l'intelligence et le choix.

De deux choses l'une, par conséquent, si les variations sont purement internes : ou bien l'acte de l'oiseau est l'effet d'un pur caprice, autant dire un effet sans cause ; ou bien il est le résultat d'un principe capable de juger, de raisonner, de délibérer, de vouloir. Il faut que le transformisme accepte l'une ou l'autre de ces conclusions.

On ne peut alléguer que le besoin est une tendance élastique en quelque sorte, et pouvant s'accommoder, chez le même individu, à des conditions différentes. Nous sommes avec le darwinisme dans le domaine de la fatalité absolue : tout est déterminé, et le besoin, sous l'impulsion de causes aveugles et nécessaires, doit engendrer une série d'actes rigoureusement identiques, sans pouvoir y introduire de lui-même la plus légère variation.

Pour rester d'accord avec lui-même, le darwinisme n'a qu'une ressource : c'est d'expliquer et le besoin et l'origine de chacune de ses déterminations nouvelles par le concours des causes extérieures agissant sur l'organisme. C'est ce que M. Darwin appelle les *variations accidentelles externes*.

Nous sommes ici au cœur du mécanisme transformiste. Il n'est pas douteux qu'un nombre infini de causes n'agisse, directement ou indirectement, sur l'animal, et j'ajoute que nous pouvons difficilement mesurer la nature et l'intensité des effets qu'elles produisent, car la complexité des éléments dont il faudrait démêler l'influence défie la pénétration de toutes les analyses. Néanmoins, quand il s'agit de besoins, d'habitudes, d'instincts, il s'agit de phénomènes qui, par un côté, sont des phénomènes psychiques : or le mécanisme est tenu de prouver que l'enchaînement des causes extérieures, se poursuivant à travers l'organisme, peut, à lui tout seul, donner naissance à des manifestations mentales. Quelle que soit l'opinion qu'on adopte sur l'essence du principe de l'instinct, il faut bien le considérer comme une activité. Que, parmi toutes les variations de milieu dont l'organisme subit les effets, cette activité s'accommode de préférence à celles qui sont avantageuses; qu'une harmonie s'établisse entre les conditions extérieures et les besoins internes; qu'il existe en un mot dans l'animal un principe qui, dans le conflit des évènements qui retentissent à chaque instant jusqu'à lui, soit toujours prêt à saisir l'occasion favorable, par une sagesse dont il n'a pas conscience et qui lui vient de plus haut : voilà, croyons-nous, ce que n'expliqueront jamais les doctrines qui se refusent à voir

dans la nature les marques d'une finalité et d'un
plan providentiel.

Ce plan, Lamarck l'admettait encore ; M. Darwin
n'en veut déjà plus : dans une comparaison ingénieuse, il expose le principe du déterminisme
aveugle auquel incline de plus en plus l'hypothèse
transformiste. « Si un architecte venait à construire
un commode et bel édifice sans employer de pierres
de taille, mais en choisissant, parmi les pierres
roulées au fond d'un précipice, celles en forme de
coin pour les voûtes, les pierres longues pour les
linteaux, et les plates pour son toit, nous admire-
rions son habileté et le regarderions comme l'agent
principal. Or les fragments de rochers, quoique
indispensables à l'architecte, sont, relativement
à la construction élevée par lui, dans le même rapport que le sont les variations fluctuantes de chaque
être organisé, aux conformités variées et admirables
qu'ont ultérieurement acquises ses descendants
modifiés[1]. »

Il semble qu'ici M. Darwin prenne à tâche de se
réfuter lui-même : comment prouver plus clairement que, pour élever l'édifice de la nature vivante,

---

1. *Variations des animaux et des plantes* (trad. franç.),
t. II, p. 460.

il faut une Intelligence qui conçoive un plan, choisisse et dispose les matériaux ?

Néanmoins, M. Darwin ne va pas jusqu'au bout de sa doctrine. Il est avant tout naturaliste : on dirait qu'il recule devant les questions aventureuses de l'origine du sentiment et de la pensée. — Relier par une chaîne ininterrompue les phénomènes de l'instinct aux mouvements moléculaires qui constituent les actions chimiques, et de l'instinct faire sortir à son tour l'intelligence ; démêler les complications croissantes d'un mécanisme toujours le même, depuis l'irritabilité obscure de la monère jusqu'aux plus merveilleuses manifestations de la raison et du génie, à l'exclusion définitive de toute hypothèse téléologique, telle est la tâche pleine de périls qu'a tenté d'accomplir M. H. Spencer.

III

Avant même M. Darwin, M. Spencer a tracé, sous le nom de doctrine de l'évolution, les grandes lignes d'un vaste système dont le transformisme n'est qu'une partie. Le transformisme est une théorie d'histoire naturelle ; la doctrine de l'évolu-

tion est une explication scientifiquo (du moins elle
se donne pour telle) de tous les phénomènes qui
tombent sous les prises de la connaissance ; elle ne
se contente pas de rendre compte de l'origine des
espèces ; elle prétend nous faire assister à la genèse
de toutes les choses, de tous les êtres, de toutes les
manifestations de la force primordiale, depuis le
système solaire jusqu'à l'homme, depuis l'attraction de deux molécules d'éther jusqu'au génie de
Shakespeare et de Newton.

Il suit de là que le transformisme n'est pas tenu
de résoudre, ni même de poser les problèmes de
l'origine de la vie, du sentiment, de la pensée. Si,
par la complication graduelle des instincts les plus
simples, il essaye de rendre compte de ces instincts
merveilleux de l'abeille et de la fourmi ; si l'habitude et les variations accidentelles, fixées ensuite
par la sélection et l'hérédité, lui paraissent expliquer suffisamment l'origine de ces instincts les plus
simples, rien ne l'oblige à nous dire d'où viennent
et ces habitudes et ces variations. — Mais, de la
part de la doctrine évolutionniste, le silence sur
ces questions serait autre chose que de la réserve :
ce serait un suicide.

Aussi trouvons-nous chez M. Spencer une explication méthodique et rigoureusement liée de l'origine de l'instinct ; et, tandis que sur ce point capital M. Darwin flotte entre le concours fortuit des causes externes et la volonté presque réfléchie de l'animal, M. Spencer répond sans hésiter par l'action réflexe.

Il serait difficile, avec plus de ressemblances générales dans les doctrines, d'arriver à des solutions plus opposées. Pour M. Darwin, l'instinct est presque toujours le résultat d'une détermination mentale de l'individu ; la conscience, on pourrait dire le choix, est à l'origine de l'habitude ; et celle-ci, fixée peu à peu et devenue héréditaire, descend par degrés jusqu'à l'inconscience des actions réflexes. Pour M. Spencer, c'est l'action réflexe qui, se compliquant, s'élève lentement à la dignité d'acte conscient et volontaire. L'instinct, selon l'auteur des *Premiers Principes*, est une action réflexe composée : définition obscure, comme l'action réflexe elle-même, et qu'il s'agit d'éclaircir et de discuter.

On sait quel est le mécanisme de l'action réflexe. Théoriquement, et réduit à la plus grande simplicité possible, il suppose une fibre nerveuse sensitive afférente, une fibre nerveuse motrice efférente, et une cellule centrale de substance grise. On sait en outre que toute fibre nerveuse est formée de trois parties : une enveloppe extérieure, le *névrilème ;* à l'intérieur, une substance graisseuse, qu'on appelle la *myéline ;* et un filet, qui plonge au centre de la myéline, le *cylindraxe.* — Arrivée dans la cellule de matière grise, la fibre afférente s'est dépouillée de l'enveloppe extérieure et de la myéline ; elle est réduite au cylindraxe. — Réciproquement, la fibre efférente, au moment où elle sort de la cellule, n'est encore qu'un simple cylindraxe : la myéline et le névrilème n'apparaissent que plus loin.

L'action nerveuse (probablement une décomposition moléculaire très-rapide) se propage le long du cylindraxe afférent, jusqu'à la cellule : celle-ci, en raison de sa structure chimique particulière, subit une modification plus profonde et dégage du mouvement qui, transmis le long du cylindraxe de la fibre efférente, produit la contraction d'un muscle.

Réduite à cette simplicité, qui d'ailleurs ne se réalise jamais dans la nature, l'action réflexe est-elle accompagnée de conscience ? Il semble qu'on puisse répondre hardiment : Non. Pourtant ce serait peut-être se trop presser. L'expérience et l'analyse nous apprennent en effet que toute sensation consciente est un composé fort complexe de sensations inconscientes ; descendez jusqu'aux conditions élémentaires de la sensation, et vous arriverez à une sorte d'atome psychique, correspondant à cette action réflexe également élémentaire dont deux fibres et une cellule forment tout le mécanisme.

Maintenant, entre ces deux termes, l'action réflexe élémentaire et l'infiniment petit de conscience, y a-t-il le même rapport de dépendance qu'entre la cause et l'effet ? M. Spencer le nie, et par là il échappe au matérialisme. Selon lui, les phénomènes nerveux, ramenés à des mouvements, et les phénomènes mentaux sont deux séries rigoureusement parallèles, mais irréductibles l'une à l'autre. Bien plus : s'il fallait absolument choisir, il serait plus facile de traduire le mouvement en termes de la pensée que la pensée en termes du mouvement.

Mais dans l'ordre de la réalité, et par les lois nécessaires de l'évolution, la pensée sort du mouvement ; elle apparaît d'abord sous la forme de l'instinct, lequel n'est que l'action réflexe arrivée en un certain degré de complexité.

Nous ne suivrons pas M. Spencer dans les ingénieuses déductions par lesquelles il explique la genèse des actions réflexes composées. Comment un gobe-mouches, à peine sorti de l'œuf, peut-il happer sa proie avec une infaillible précision? Que de nerfs mis en jeu! que de muscles dirigés et contractés! Que de mouvements en convenance merveilleuse avec le but à atteindre! Pur mécanisme pourtant; nulle finalité. Ce sont des groupes d'actions réflexes coordonnées, correspondant à des groupes de phénomènes externes.

Des groupes d'actions réflexes coordonnées! Arrêtons ces mots au passage. Il y a dans le système nerveux d'un vertébré des millions de fibres, tant afférentes qu'efférentes, et des millions de cellules de substance grise. Donc des milliards d'actions réflexes élémentaires sont possibles, chacune étant en soi le produit du mouvement d'une fibre afférente communiqué par une cellule à une fibre efférente, chacune étant en soi indépendante de sa voisine.

Entre ces multitudes d'actions réflexes élémentaires, des coordinations se sont établies. Comment? Par quel miracle? Où est le principe d'ordre qui a imposé des directions communes, des corrélations, des sympathies à ce chaos de mouvements que déchaînent dans tous les sens et à la fois les impressions innombrables et incessantes des causes externes?

On invoque l'unité de l'organisme, l'harmonie fondamentale de toutes les parties et de toutes les actions du système nerveux. Je demanderai alors comment cette unité s'est produite, si cette harmonie a sa raison dans les éléments mêmes dont elle est la résultante : cellules blanches des fibres, cellules grises des ganglions, de la moelle et de la matière corticale de l'encéphale. On répond par une tentative hardie pour expliquer mécaniquement la formation du tissu nerveux, tentative qui rappelle par certains côtés celle de Lamarck, mais dont aucun physiologiste de profession ne voudrait, croyons-nous, encourir la responsabilité.

Admettons cependant, pour un instant, l'hypothèse fondamentale de M. Spencer. Supposons que dans une masse à peu près homogène de protoplasme les agitations moléculaires externes (par exemple l'action d'un rayon lumineux) se soient propagées plus facilement suivant certaines lignes que suivant certaines autres; et qu'à la longue se soient ainsi dessinés à travers la substance col-

loïde du protoplasme les canaux qui deviendront
les fibres nerveuses; supposons encore qu'un ganglion de matière grise ait pu se former au point où
se sont rencontrés plusieurs de ces courants primitifs : nous aurons peut-être expliqué mécaniquement la genèse du système nerveux d'une méduse
ou d'un polype. Mais j'aurais peine à comprendre
que l'animalité pût jamais sortir, de ces sphères
inférieures et le système nerveux se manifester
sous des formes plus complexes et plus achevées.
A quoi bon en effet? Le mollusque a maintenant
les nerfs et les ganglions qui lui sont nécessaires :
le voilà suffisamment armé pour le combat de l'existence. Comme, par hypothèse, il n'a pas à triompher d'organismes plus élevés, il n'a pas besoin
d'autres instruments sensitifs ou moteurs. Le même
mécanisme qui a tracé les lignes des nerfs et dissé-
miné quelques ganglions dans sa masse gélatineuse
maintiendra inflexiblement et à toujours le même
type primordial. A moins de supposer au sein de
la nature une sourde aspiration vers le mieux que
le pur mécanisme n'expliquerait pas, il n'y a nulle
raison pour que la vie, l'irritabilité, le mouvement,
l'action réflexe parviennent jamais seuls à produire
des organismes plus parfaits.

Admettre avec M. Spencer que les nerfs et les plexus nerveux se multiplient, par les mêmes causes qui les ont originellement produits, que la matière blanche se sépare de la matière grise sans qu'on sache pourquoi ni comment; que les ganglions, d'abord disséminés, se centralisent et se relient en vue d'une action commune; qu'une centralisation plus complète donne naissance à un cerveau; qu'à ce cerveau s'ajoutent les hémisphères pour diversifier à l'infini, tout en les coordonnant rigoureusement, les actions réflexes; que nulle finalité ne dirige ce progrès parallèle dans la complexité et la spécialisation des fonctions et des organes; que la corrélation entre les impressions du dedans et les mouvements du dehors s'établisse d'elle-même et devienne à mesure plus étendue et plus délicate, à l'exclusion de tout principe analogue à une raison prévoyante : voilà sans doute ce qui exige une foi bien téméraire en l'efficacité du mécanisme universel, une aversion bien peu justifiée pour les causes finales, sans lesquelles pourtant les causes efficientes, s'immobilisant à la longue dans l'équilibre de leurs actions et réactions réciproques, seraient éternellement impuissantes à enfanter quoi que ce soit qui ressemble à un progrès.

Pour qu'il y ait corrélation entre le dehors et le dedans, il faut qu'il y ait un dedans. Mais la totalité confuse des cellules qui constituent l'organisme ne forme pas un dedans. Le dedans, quand il s'agit de l'animal, suppose nécessairement un centre où convergent les impressions et d'où s'élancent les réactions, un point commun où aboutissent les mouvements propagés le long de toutes les lignes nerveuses : unité harmonique et réelle, raison d'être de tous les organes et de chacun d'eux en particulier, des formes diverses qu'ils affectent, de la constitution spéciale de leurs tissus, de ce *consensus* merveilleux de toutes les fonctions, qui produit la vie. Cette unité, M. Spencer, qui en proclame l'existence et la nécessité, ne l'explique pas ; et, loin qu'elle soit l'effet tardif des causes extérieures façonnant, au sein d'un protoplasme homogène, le système qui relie sympathiquement toutes les parties de l'animal, c'est elle au contraire qui, déterminant sous certaines conditions l'évolution du germe, lui marque infailliblement sa route et son but, et produit à la fois le tout et les parties.

Passons au point de vue psychologique. — Autant que l'on peut saisir ici la pensée un peu indécise de M. Spencer, l'action réflexe la plus simple n'est, selon lui, accompagnée d'aucune conscience. La réaction motrice suit l'action sensitive, sans qu'une durée appréciable sépare les deux phases de ce même phénomène indivisible. Quand l'action réflexe est composée, que plusieurs mouvements groupés et coordonnés répondent à plusieurs impressions perçues simultanément, la conscience commence à poindre. Elle a pour condition essentielle l'existence d'une durée appréciable entre l'impression et l'action qui la suit. La loi fondamentale des phénomènes psychologiques, c'est en effet, pour l'auteur, que les états de conscience se disposent l'un à la suite de l'autre, selon un ordre linéaire; la loi biologique, au contraire, c'est la manifestation simultanée des phénomènes vitaux; mais la nature essentielle de ces deux ordres de phénomènes est au fond identique. — Que toute série de phénomènes psychologiques se déroule dans la durée, personne ne sera tenté d'y contredire; mais la question n'est pas là. Le conscient peut-il sortir par évolution de l'inconscient? Les phénomènes psychologiques ne sont-ils autre chose que des phénomènes physiologiques plus compliqués? Voilà le vrai problème. Si l'action réflexe devient l'instinct sans qu'aucun élément nouveau s'y ajoute, et si l'instinct, à un certain degré, arrive à la conscience, il faut de nécessité que l'action réflexe enferme déjà, enveloppée et latente, la condition fondamentale de la conscience; et la durée, que supposent les manifestations des actions réflexes les plus composées, ne fait que permettre à cette condition de se produire. La durée n'est donc pas, comme semble le croire M. Spencer, cette condition même; la durée est impliquée dans la succession des faits de conscience comme dans la succession de tous les faits possibles, parce qu'il est trop clair qu'il n'y a pas succession sans durée.

Mais, à vrai dire, l'esprit si pénétrant de M. Spencer ne peut s'être laissé tromper au point de faire de la durée toute seule l'essence de l'acte de conscience. Sa doctrine, au fond, c'est que la conscience est proprement l'aperception de deux états successifs. Il faut, pour qu'il y ait conscience, un changement d'état dans le sujet. — Fort bien; mais ce sujet, quel est-il? M. Spencer se refuse absolument à nous le dire et à en rien savoir. Ce sujet, à l'entendre, est tout entier dans ses modifications; si vous l'en séparez par la pensée, vous le réduisez à un incompréhensible néant. Pourtant il faut bien que par lui-même il soit quelque chose, puisqu'il est le fond commun sur lequel se déroulent les changements d'état ; il faut bien qu'il ait quelque virtualité, puisqu'il est capable d'apercevoir ces changements et, dans cette aperception d'une diversité, de prendre conscience de son unité. — Insisterons-nous sur cette réfutation si souvent faite? Un changement d'état implique nécessairement trois termes : deux manières d'être qui passent, un sujet qui demeure : il n'y a changement que dans un *quelque chose* de permanent. Où est la capacité de conscience? Ce n'est dans aucune des manières d'être prises isolément; ce n'est pas dans le changement, qui n'est rien par lui-même qu'un rapport entre les manières d'être et le sujet; c'est donc dans le sujet, principe d'unité et de permanence, qui explique et rend possibles le changement et la pluralité.

Nous avons vu par où M. Spencer n'est pas matérialiste. Il admet des éléments de conscience, analogues en nature à une sensation de choc. Par leur composition, leur addition les uns aux autres, ces fractions infinitésimales de conscience arrivent peu à peu à produire une sensation totale et appréciable. Cette composition suit une marche exactement parallèle à celle des actions réflexes. Une fibre afférente, une fibre efférente, une cellule de substance grise, voilà le mécanisme de l'action réflexe la plus simple que l'on puisse concevoir. Des millions de fibres et des millions de cellules propageant des impressions, dégageant et transmettant du mouvement, voilà le mécanisme de l'action réflexe composée. Des millions d'éléments de conscience formant une sensation de son, d'odeur, de couleur, etc., voilà la même progression exprimée en termes du sujet, en langage psychologique.

Outre la difficulté de concevoir comment les éléments de conscience s'additionnent eux-mêmes en l'absence d'un principe actif et permanent d'unité, il en est une autre : il faudrait qu'on nous expliquât comment la totalité peut être d'autre nature que les unités composantes. Qu'est-ce, en effet, que cette sensation élémentaire du choc? Ce n'est certes ni une sensation d'odeur, ni une sensation de couleur; c'est un choc infiniment petit, rien de plus. Mettez ensemble un nombre quelconque de pareils chocs : vous aurez un choc plus fort; vous n'aurez pas encore cette modification toute subjective, mais parfaitement déterminée, parfaitement distincte d'un choc brut, que nous appelons, par exemple, une sensation d'odeur. En supposant donc

que les éléments de conscience puissent se réunir
tout seuls et constituer l'unité du sujet, on aurait
tout au plus expliqué ainsi la *quantité* de la sensation, mais non sa *qualité*.

On niera, il est vrai, que la quantité soit quelque
chose de réel. On alléguera ce fait bien connu,
qu'un même stimulus, appliqué sur l'organe du goût,
produit une sensation de saveur; sur l'organe de
l'ouïe, une sensation de son; sur celui de la vue,
une sensation de couleur : preuve évidente que
la nature particulière des nerfs qui transmettent
l'impression, et des centres nerveux auxquels elle
aboutit, fait toute la diversité des sensations. —
Mais d'abord aucune expérience physiologique ne
nous autorise à penser qu'il y ait quelque différence dans la structure et les fonctions des fibres
sensitives; ensuite, quand cela serait, on serait
toujours forcé d'admettre que l'action nerveuse et
cérébrale subit une sorte de réfraction dans le
centre psychique : car, après tout, le mécanisme
extérieur qui provoque la sensation se réduit à de
simples mouvements moléculaires. Qu'ils soient
plus ou moins complexes, plus ou moins rapides,
qu'ils se produisent dans telle ou telle direction,
c'est toujours là une question de quantité; et d'ail-

leurs les phénomènes d'ordre purement physique
se ramènent aujourd'hui ou se ramèneront demain
à des déterminations de la quantité. Mais, dans
l'ordre psychologique, c'est la qualité qui importe ;
quelles que soient les causes physiologiques (et
fussent-elles semblables), il restera toujours vrai
que, pour la conscience, une sensation de couleur
n'est pas une sensation d'odeur ou de son : ce qui
implique que le centre conscient n'est pas un pur
rien, une totalité abstraite, résultat ultérieur de
quantités qui feraient elles-mêmes leur somme ; il
a sa nature propre, ses virtualités essentielles ; il
est un milieu vivant qui transforme à sa manière
et réfléchit selon ses lois les ondes de mouvements
nerveux et cérébraux qui se propagent jusqu'à lui.

Nous croyons avoir montré que ni l'origine de
la conscience, ni l'unité du sujet ne s'expliquent
suffisamment dans la doctrine de M. Spencer. La
composition et la coordination des actions réflexes
ne s'expliquent pas davantage par les principes du
pur mécanisme. Est-il téméraire d'en conclure que,
pas plus au point de vue physiologique qu'au point
de vue psychologique, M. Spencer ne rend compte
de la nature de l'instinct ?

Une remarque importante achèvera de nous en

convaincre. Admettons que les actes instinctifs
soient véritablement des actions réflexes ; que la
sensation se ramène à des mouvements moléculaires, et que certaines contractions coordonnées
de muscles suivent nécessairement de la sensation :
aurons-nous vraiment expliqué tout l'instinct ?

Non, car dans l'instinct il y a autre chose que des
groupes de mouvements irréfléchis et involontaires
correspondant à des groupes d'impressions sensitives ; il y a encore des idées, ou, si l'on veut, des
types innés qui n'ont leur origine dans aucune sensation. Je m'explique.

C'est sans doute par instinct que l'abeille bâtit
une cellule hexagonale ; que certaines araignées disposent les fils de leurs toiles en polygones concen-
triques réunis par des rayons communs. La régularité de ces formes géométriques implique nécessairement l'idée de l'hexagone, du polygone, et une
notion très-exacte des conditions qui rendent possible la construction de ces figures. Or je ne vois aucun
moyen d'expliquer ces idées par la pure sensation.

On ne s'avisera pas de soutenir que l'animal ait
observé autour de lui des formes hexagonales ou
autres, et qu'il ait conçu par là l'idée abstraite de
l'hexagone : ce serait en faire un véritable géomè-

tre. D'ailleurs, sauf chez les minéraux, il serait difficile de trouver dans la nature le type de l'hexagone régulier. Nous pouvons donc hardiment répéter qu'aucune sensation provoquée par le mécanisme extérieur n'a suggéré aux araignées et aux abeilles leurs idées géométriques.

Selon la théorie courante, la cause de ces idées se trouve dans l'organisme même. L'araignée, dit-on, a des glandes qui sécrètent une matière visqueuse, des pelotes percées de trous microscopiques qui sont évidemment destinées à servir de filières. Ces organes fonctionnent pour ainsi dire d'eux-mêmes; tout au plus faut-il reconnaître dans l'animal un vague et sourd besoin qui lui fait une loi de se servir des instruments mis par la nature à sa disposition.

Mais il est manifeste que cette explication ne rend pas compte du phénomène tout entier. L'examen des organes d'une abeille me montre bien pourquoi elle fait de la cire, des cellules et du miel qu'elle dépose dedans; mais je cherche vainement dans l'organisme l'explication de la forme précisément hexagonale de la cellule. De même, je vois bien, à l'inspection ou à la dissection d'une araignée, que cet insecte a tout ce qu'il faut pour faire

une toile, et qu'en conséquence il la fera ; mais
pourquoi cette toile affectera-t-elle invariablement
telle forme et non telle autre, ni la structure des
glandes, ni celle des pelotes ne me le disent. Cher-
chera-t-on le *pourquoi* dans une disposition particulière du cerveau? Mais cette disposition même,
comment s'expliquera-t-elle? Est-ce un arrangement purement fortuit des molécules cérébrales
qui a pu produire la conception de formes aussi
parfaitement régulières? Hypothèse dangereuse et
dont le matérialisme ne manquerait pas de se pré-
valoir! N'est-ce pas au contraire l'*idée* qui explique
ici la disposition cérébrale correspondante, qui en
est la cause finale, la vraie cause, par conséquent?

Reste, il est vrai, pour l'instinct des abeilles,
l'explication de Darwin. La forme hexagonale de
la cellule n'est, selon lui, que le dernier perfectionnement de formes primitivement moins compliquées ; la nécessité d'économiser de la cire a
conduit ces insectes, par tâtonnements successifs,
à l'habitude de faire interférer entre elles des
cellules qui d'abord étaient sphériques et séparées
les unes des autres : cette économie de cire représente une économie d'efforts, et par conséquent de
nourriture, avantage que la sélection et l'hérédité

ont fixé dans quelques individus, puis dans une variété tout entière. Une explication analogue vaudrait peut-être pour l'instinct des araignées. Mais, tout ingénieuse qu'elle est, elle ne nous satisfait pas. D'abord, elle ne fait que reculer la difficulté : car il faudra nous dire comment les ancêtres de l'abeille domestique (probablement, dans l'hypothèse de Darwin, les bourdons) ont conçu la forme sphérique; ensuite, nous serons en droit de demander par quel procédé intellectuel certains individus ont compris la convenance de faire interférer les sphères; si l'on nous parle de causes extérieures et fortuites, déterminant l'animal sans réflexion de sa part, nous ne voyons là qu'un aveu d'impuissance à fournir une explication véritable; si l'on attribue à l'insecte les facultés d'attention, de comparaison, de jugement, de raisonnement qu'implique un si merveilleux progrès, autant dire que l'abeille a trouvé la géométrie. Et remarquons que, dans l'hypothèse transformiste, le développement de l'intelligence est en raison directe de celui du cerveau; or ce cerveau, dans lequel vous logez quelques-unes des plus hautes facultés intellectuelles, n'a pas un volume égal au quart de celui d'une tête d'épingle!

Concluons donc qu'il y a chez certains animaux des idées innées dont ne rendent compte suffisamment ni la structure des organes, ni le mécanisme des actions réflexes. Elles ne sont pas le produit de l'organisme; elles en sont plutôt le but et la cause finale. — Mais quoi! des idées innées supposent une intelligence : l'abeille a donc une intelligence, une raison? — Nous sommes bien loin de le penser. Ces idées géométriques, qui obsèdent et fascinent l'imagination de ces insectes, sont conçues non par eux, mais par une raison plus haute, qui les leur a pour ainsi dire imprimées comme les visions d'un rêve permanent. En ce sens, nous oserions dire, avec Aristote et Virgile, qu'il y a dans les abeilles quelque chose de divin.

IV

Si M. Spencer ne réussit pas à faire sortir l'instinct de l'action réflexe, sera-t-il plus heureux dans sa tentative de dériver la raison de l'instinct?

On comprend tout d'abord que dans la doctrine de M. Spencer, comme en général dans la philosophie transformiste, il ne peut y avoir, entre l'instinct

et la raison, une différence de nature, mais seulement de degré. L'instinct est une action réflexe
composée ; la raison pourrait se définir, pour
M. Spencer, un instinct composé en voie de formation. Indiquons rapidement le mode de ce nouveau
processus.

A mesure que croît la complexité des phénomènes et relations externes avec lesquels l'organisme
est en rapport, les états psychiques correspondant
aux impressions, et les mouvements qui sont la conséquence de ces états, sont eux-mêmes plus complexes. Il s'ensuit que l'automatisme de ces mouvements s'établit plus difficilement et plus lentement ; l'action ne se produit plus avec l'infaillibilité
mécanique de l'instinct : elle devient rationnelle.

Plus complexes, les relations externes sont par
cela même plus rarement perçues. En effet, un
corps vivant, par exemple, est un groupe d'attributs et de rapports plus compliqués qu'un corps
simplement étendu et résistant : tous les états de
conscience qui correspondent à l'étendue et à la
résistance s'éveillent donc quand un corps vivant
fait impression sur les organes ; mais il n'est pas
vrai de dire que les attributs et caractères particuliers de la vie soient perçus par le sujet toutes les

fois qu'un corps quelconque fait impression sur lui. Néanmoins, il n'y a pas là une différence essentielle et de nature. « La complexité, la spécialité, l'abstraction ou la rareté des relations sont entièrement une question de degré. Comment peut-on fixer qu'un degré particulier de complexité ou de rareté est celui où l'instinct finit et où la raison commence? Quelqu'un serait-il assez absurde pour dire que, tant que les phénomènes externes auxquels répond l'état interne ne contiennent pas plus de vingt éléments, la correspondance est instinctive, mais que, si elle en contient vingt et un, la correspondance est rationnelle? Quelqu'un serait-il assez absurde pour soutenir que la correspondance est instinctive, quand les phénomènes externes se produisent une douzaine de fois dans une période donnée, mais que la correspondance est rationnelle si elle ne se produit que onze fois? Cependant telles sont les absurdités que devraient soutenir ceux qui prétendent qu'entre l'instinct et la raison il y a une différence fondamentale [1]. »

C'est donc par transitions insensibles que l'évolution mentale s'élève des actes instinctifs aux actes

1. *Princ. de psychol.*, trad. franç., t. I, p. 489-490.

rationnels et que l'automatisme et la rapidité des premiers disparaissent, pour laisser place à cette indécision apparente, à cette lenteur qui caractérisent les seconds. Aussi, à mesure que des expériences plus fréquentes ont lié certains groupes d'impressions externes avec certains groupes d'états psychiques, et ceux-ci avec certains mouvements nerveux et musculaires, l'acte rationnel se transforme à son tour en acte instinctif ; l'hésitation, la durée, la conscience diminuent : c'est là proprement l'habitude, qui n'est qu'un instinct acquis. L'origine des intuitions rationnelles s'explique absolument de même. Ces intuitions dérivent tout entières de l'expérience, d'après ce principe, qui domine toute la théorie de la formation de l'intelligence, à savoir, « que la cohésion entre des états psychiques est proportionnée à la fréquence avec laquelle la relation entre les phénomènes externes correspondants a été présentée dans l'expérience. » Prenons, pour plus de clarté, un exemple, celui même qu'emploie M. Spencer.

Une vérité scientifique est aujourd'hui acquise : c'est qu'il existe un rapport entre le développement du système nerveux et le degré de l'intelligence. Comme toute vérité scientifique, cette pro-

position est une généralisation de l'expérience ;
comment a-t-elle été obtenue? Il y a ici deux termes
extérieurs en rapport entre eux : ce sont la présence
d'un système nerveux et un certain degré de saga-
cité chez les animaux qui le possèdent. De même,
il y a deux états psychiques, correspondant à chacun
des termes extérieurs, et un rapport entre ces deux
états, correspondant au rapport objectif des deux
termes.

Primitivement, que donna l'expérience? Elle fit
connaître que certains animaux étaient plus intelligents que d'autres; que certains avaient la tête
plus grande que certains autres; quelques hommes
remarquèrent de plus que les plus grandes têtes
renferment une plus grande quantité de matière
molle et blanchâtre; mais voilà tout. Nulle liaison
ne s'établit d'abord dans l'esprit entre ces différents
faits. Les animaux intelligents ne se distinguaient
pas seulement par une plus grande tête, mais par
d'autres caractères encore, tels que la couleur des
poils, la présence de dents, etc. — Réciproquement, les animaux ayant de grands cerveaux pré-
sentaient, outre l'attribut de l'intelligence, ceux de
la force, de la longévité, d'autres encore. Le rapport
entre le cerveau et l'intelligence se dissimulait donc

au milieu de plusieurs attributs; comment s'est-il
peu à peu dégagé pour l'esprit? Par l'accumulation
des expériences. On s'est aperçu peu à peu que,
tandis que les relations des autres attributs entre
eux n'avaient rien de constant, que ni la couleur du
pelage, ni la présence des dents ne sont en relation déterminée avec le degré d'intelligence dans
l'animal, au contraire, une intelligence développée
existe toujours là où il y a un grand cerveau, et
réciproquement. Cette relation est constante; elle
s'est donc reproduite plus fréquemment que les
autres qui ne le sont pas; de là une liaison de plus
en plus étroite dans le sujet entre les états psychiques qui correspondent à la perception de ces deux
attributs. Pour parler le langage ordinaire, deux
idées plus souvent associées dans l'expérience
finissent par s'unir d'une manière indissoluble, en
sorte que l'une rappelle nécessairement l'autre.
Voilà toute l'essence de la raison. La connaissance
des lois les plus générales se fait ainsi d'elle-même
dans l'esprit. Elle se dégage lentement et insensi-
blement de l'expérience des relations plus particulières. Entre le raisonnement spécial, dont on concède la faculté aux animaux supérieurs, et le raisonnement général, qu'on voudrait attribuer en

propre à l'homme, toute distinction est arbitraire et vaine. Nulle différence de nature ne sépare l'intelligence du chien de celle de l'enfant, celle du Papou de celle de Newton. C'est un même processus qui se poursuit depuis l'action réflexe la plus humble jusqu'à la découverte des lois de la gravitation universelle.

Est-ce à dire que l'expérience individuelle suffise à parcourir cet immense intervalle? Non : rien de plus superficiel ni de plus faux que le sensualisme ainsi compris. Il y a des formes de l'intuition, des conditions de la pensée qui seules rendent possible l'expérience individuelle et qui sont véritablement innées : Kant, sur ce point, a pleinement raison contre Locke. Mais ces formes de l'intuition ne sont elles-mêmes que les expériences des générations antérieures, emmagasinées, accumulées, organisées et transmises héréditairement.

« Quel est, demande M. Spencer, le sens du cerveau humain? N'est-ce pas que les rapports infiniment nombreux et compliqués de ses parties représentent autant de rapports établis entre les changements psychiques? Chacune des innombrables connexions entre les fibres de la masse cérébrale répond à quelque connexion permanente de phénomènes dans les expériences de la race.... En correspondance à des relations externes absolues, se développent dans le système nerveux des relations internes absolues, relations qui sont développées avant la naissance, qui sont antérieures à l'expérience individuelle et indépendantes d'elle, et qui s'établissent d'une manière automatique en même temps que les premières connaissances... Le cerveau représente une infinité d'expériences reçues pendant l'évolution de la vie en général; les plus uniformes et les plus fréquentes ont été successivement léguées, intérêt et capital, et elles ont ainsi monté lentement jusqu'à ce haut degré d'intelligence qui est latent dans le cerveau de l'enfant, et que dans le cours de sa vie l'enfant exerce, fortifie en général et rend plus complexe, et qu'il léguera à son tour, avec quelques faibles additions, aux générations futures. Et il arrive ainsi que l'Européen en vient à avoir vingt ou trente pouces cubes de cerveau de plus que le Papou.... Il arrive ainsi que de ces sauvages incapables de compter au delà du nombre de leurs doigts, et qui parlent une langue qui ne contient que des noms et des verbes, sortent à la longue nos Newton et nos Shakespeare [1]. »

1. *Princ. de psychol.*, trad. franç., t. I, p. 505-508.

Nous avons voulu citer textuellement : quelque chose qui ressemble à un souffle d'éloquence s'échappe, comme malgré l'auteur, de ces pages austères jusqu'à la sécheresse, et dont l'extrême densité philosophique fait souvenir d'Aristote. C'est la forme la plus profonde et, sinon la plus scientifique, au moins la plus savante, que le sensualisme ait encore revêtue. Devons-nous pourtant rendre les armes? La théorie de l'évolution a-t-elle définitivement renversé entre l'instinct et la raison les barrières que nous avions jusqu'ici regardées comme infranchissables ? L'accumulation, l'organisation, la transmission héréditaire des expériences suffisent-elles véritablement à expliquer les procédés supérieurs, les manifestations les plus hautes de la pensée?

Ici encore, nous devons successivement considérer le point de vue physiologique et le point de vue psychologique. — Au point de vue physiologique, la doctrine de M. Spencer est fort hasardeuse. Autant que l'on peut risquer une affirmation quand il s'agit des fonctions des différents organes cérébraux, il semble bien que les hémisphères ont un tout autre rôle que celui de la moelle allongée et de la moelle épinière. Ce sont spécialement ces deux dernières parties qui sont douées du pouvoir réflexe : quant aux hémisphères, ils sont plutôt destinés à modifier, à ralentir, à atténuer l'intensité des actions réflexes dont le bulbe et la moelle sont le siège. On sait en effet que l'ablation de l'encéphale est une des causes qui exaltent le pouvoir excito-moteur de la moelle épinière [1]. Setchenow a même avancé que cette influence modératrice réside principalement dans les couches optiques et les tubercules quadrijumeaux. Peut-être est-il téméraire d'aller jusqu'à ces précisions, et les expériences de Schiff et de Herzen ont ébranlé, dans ce qu'elle a de trop absolu, l'opinion de Setchenow ; mais celle-ci n'en reste pas moins vraie dans une certaine mesure, et l'on peut considérer comme démontré que « l'influence du cerveau tend à entraver les mouvements réflexes, à limiter leur force et leur étendue [2] ».

Que faut-il en conclure? Que, si l'instinct se ramène à l'action réflexe, il est difficile d'y ramener aussi l'intelligence, dont l'encéphale et surtout les hémisphères sont certainement le siège; loin que l'instinct et l'intelligence soient deux degrés et

1. Longet, *Physiol.*, t. III, p. 257.
2. Cl. Bernard, *Leçons sur les tissus vivants*, p. 350-356.

comme deux moments du même processus, il semble plutôt que, aux yeux mêmes de la physiologie, il y ait entre eux antagonisme, partant opposition de nature. Et lors même que, physiologiquement, les phénomènes intellectuels se ramèneraient à des actions réflexes des hémisphères (telle est la doctrine de Herzen), au moins devrait-on reconnaître que ces actions sont tout autres que celles de la moelle, lesquelles, chez les animaux privés d'hémisphères, peuvent seules expliquer, selon la théorie que nous examinons, les phénomènes de l'instinct. La philosophie évolutionniste est tenue de montrer que ces deux sortes d'actions réflexes ont au fond identiques; que celles qui donnent naissance aux phénomènes d'intelligence dérivent, par des causes toutes mécaniques, de celles qui produisent les mêmes manifestations de l'instinct; que les hémisphères s'ajoutent naturellement et nécessairement, dans la série animale, à la moelle épinière et au ganglion central des insectes. Jusqu'à ce que cette démonstration soit scientifiquement établie, nous serons en droit d'affirmer, avec Lamarck, qu'une ligne infranchissable sépare les animaux qui ont des hémisphères de ceux qui n'ont qu'un cerveau, ceux qui ne sont que sensibles de ceux qui sont à quelque degré intelligents. Donc la physiologie, au moins jusqu'ici, prononce contre M. Spencer : en est-il de même de la psychologie?

Nous examinerons successivement, dans la théorie de la raison de M. Spencer, trois points qui nous semblent essentiels : la théorie de la correspondance, la transformation des idées générales, la nature du génie.

I. La théorie de la correspondance domine toute la psychologie de M. Spencer; nous aurions donc pu la discuter déjà au paragraphe précédent; néanmoins cette discussion trouve mieux sa place ici, car elle précède naturellement celle que nous établirons tout à l'heure sur la formation des idées générales.

Selon M. Spencer, les phénomènes psychologiques se compliquent et s'élèvent à mesure qu'ils représentent des groupes d'attributs et de relations externes plus nombreux, plus spéciaux, plus compliqués.

De l'action réflexe à l'instinct, de l'instinct à la mémoire et à la raison, il n'y a qu'une différence de degré dans l'exactitude, le nombre et la complexité des correspondances. On a vu suffisamment dans les pages qui précèdent la signification de cette doctrine.

M. Spencer nous paraît ici transporter dans les choses mêmes ce qui n'existe que dans le sujet. Peut-on soutenir qu'en eux-mêmes, et abstraction faite d'un esprit qui les connaisse, les phénomènes soient simples ou complexes, contiennent un plus ou moins grand nombre d'éléments? Ces conditions de simplicité et de complexité, de généralité et de particularité ne sont-elles pas purement subjectives? Une relation est simple quand elle existe entre un petit nombre d'éléments ; mais cette simplicité suppose une abstraction qu'un esprit seul est capable de faire. Dans la nature, tout est en relation avec tout ; des éléments en nombre infini soutiennent entre eux des rapports infiniment variés et en nombre infini. A vrai dire, les notions que traduisent les mots *simple* et *complexe*, *rare* et *fréquent*, *général* et *particulier*, sont des catégories de l'entendement qui s'appliquent mal à la réalité prise en soi. Quand donc M. Spencer nous présente comme un degré inférieur d'intelligence la perception d'un rapport entre les attributs de résistance et d'étendue, comme un degré supérieur l'intuition déjà plus spéciale et plus complexe d'une relation entre les attributs de résistance, d'étendue, de couleur, de mouvement, il semble, à l'en croire, que dans les choses les attributs existent séparés les uns des autres pour former des groupes de plus en plus complexes, correspondant à des actes psychiques de plus en plus élevés. Mais, répétons-le, c'est l'esprit seul qui, par sa puissance propre et ses lois fondamentales, fait la complexité ou la simplicité des objets connus; c'est lui seul, oserions-nous dire, qui fait l'objet même, en circonscrivant, dans l'enchevêtrement infini des mouvements externes, des groupes plus ou moins déterminés. Et, bien loin que l'intelligence soit le produit des choses et en reflète docilement les diversités essentielles, il paraît, au contraire, ainsi que l'a prouvé Kant, que la plus humble sensation serait impossible, si l'esprit n'appliquait à la pluralité illimitée de l'*objet* la forme élémentaire de l'unité qui n'est qu'en lui.

II. La théorie de la formation des généralisations scientifiques, selon M. Spencer, tombe sous le coup des mêmes objections. Est-il vrai que l'accumulation des expériences en soit l'unique condition? Est-il vrai, pour parler comme l'auteur [1], que la

____

1. *Princ. de psychol.*, trad. franç., t. I, p. 499.

cohésion des états psychiques soit déterminée exclusivement par la fréquence avec laquelle ils se sont suivis l'un l'autre dans l'expérience? Est-il vrai enfin que le progrès de la faculté rationnelle vers des conceptions d'une grande complexité et d'une haute généralité se soit produit par une sorte d'accroissement naturel, comme s'élève un terrain par le dépôt régulier et successif des alluvions? — M. Spencer nous paraît ici avoir gravement méconnu la nature du procédé généralisateur. En vain se défend-il de faire de l'esprit une table rase : il n'est et ne peut être pour lui autre chose. L'esprit, dans son système, est une pure réceptivité à laquelle l'expérience plus ou moins fréquente imprime une empreinte plus ou moins profonde ; il est l'argile qui se laisse docilement façonner par les phénomènes. M. Spencer n'a pas vu que, loin d'attendre et de subir passivement l'action du dehors, l'esprit va, pour ainsi dire, à sa rencontre; qu'une généralisation n'est pas le produit graduel d'un nombre croissant de perceptions où deux éléments sont toujours donnés en rapport l'un avec l'autre, mais un *acte*, fruit d'une spontanéité innée, par laquelle l'intelligence dégage du particulier le genre et l'espèce, et du phénomène la loi. C'est une sorte d'intuition plus ou moins rapide et sûre, selon le degré de pénétration et de vivacité de chaque esprit. Souvent il suffit d'une seule expérience pour saisir et mettre en pleine lumière la relation de deux phénomènes ; souvent même une expérience est plus frappante et plus féconde que plusieurs, parce qu'elle éveille brusquement l'attention et la contraint pour ainsi dire à sortir de l'engourdissement où l'habitude la plonge peu à peu.

On a quelquefois dépeint les inquiétudes des premiers hommes quand ils voyaient chaque soir le soleil disparaître à l'horizon, et l'on nous a montré leurs angoisses se calmant à mesure qu'une plus longue expérience leur révélait, dans les alternatives de la nuit et du jour, la régularité d'une loi. — Il y a dans tout cela bien de la fantaisie. J'imagine que, dès le second ou le troisième jour, les hommes étaient rassurés ; leur sécurité, en tout cas, suivit une progression plus rapide que celle du nombre des expériences ; au bout de peu de temps, elle fut complète. Je croirais même, contrairement à l'opinion de M. Spencer, que l'intelligence, à son début, est plutôt tentée de considérer comme absolues des connexions de phénomènes qui ne sont que fortuites et dont elle n'a eu qu'une seule expérience ;

qui ne sait avec quelle persistance l'enfant va fouiller à la place où par hasard il a trouvé soit une friandise, soit un jouet? La superstition n'a souvent d'autre origine qu'une généralisation précipitée d'un rapport tout accidentel.

Comment se vérifie dans ces exemples la loi de M. Spencer, que la cohésion des états psychiques est déterminée par la fréquence avec laquelle ils se sont suivis dans l'expérience? Cette loi, qui explique parfaitement la formation des perceptions acquises, rend-elle bien compte de toutes les généralisations par lesquelles s'est manifestée, dès l'origine, l'activité de l'esprit humain?

Cette activité spontanée, qui, prenant son élan sur l'expérience, la dépasse au risque de tomber d'une lourde chute, M. Spencer, il est vrai, ne la nie pas. Bien plus, il réfute avec une rare vigueur l'empirisme de Locke et de Condillac; il admet l'existence de virtualités innées, de facultés qui, sans avoir été mises en jeu pendant l'éducation, peuvent s'épanouir plus tard en développements magnifiques. Mais, on l'a vu, c'est par l'hérédité des dispositions cérébrales qu'il les explique; indépendantes de l'expérience de l'individu, elles ne sont pas indépendantes de l'expérience en général;

elles ont été accumulées par les expériences des ancêtres. Mais alors, que de difficultés ! Il semble, d'après une telle doctrine, que les héritiers des organismes les plus anciens doivent représenter aujourd'hui, latente dans leur cerveau naissant, la plus grande somme d'intelligence ; or, par la série des générations antérieures, toutes les races d'animaux plongent, aussi bien que la race humaine, dans un passé inaccessible ; par quel concours de circonstances heureuses l'humanité a-t-elle eu le privilège d'acquérir à un moment donné un cerveau *progressif*, capable d'organiser les expériences mieux que ne le fait le cerveau des insectes ou des poissons ? J'accorde que les progrès futurs de l'enfant soient dessinés en traits imperceptibles dans les fibres cérébrales et les innombrables connexions que ces fibres ont entre elles ; mais qu'on m'explique pourquoi l'accumulation des expériences, se poursuivant depuis des siècles aussi longs, n'a pas prédisposé de même le cerveau des animaux supérieurs ! C'est toujours là l'écueil de l'hypothèse transformiste. Ce point de départ primordial du perfectionnement humain, elle est impuissante à en trouver la raison dans le jeu aveugle ou fortuit des causes naturelles. Par quel hasard a commencé la divergence entre le cerveau de l'homme et celui du singe, si faible qu'on la suppose à l'origine? Que si l'on prétend qu'une imperceptible supériorité d'intelligence a valu à nos premiers ancêtres un léger accroissement de volume cérébral, cette supériorité, qui contenait en germe tout le développement intellectuel de l'humanité future, suffirait à établir entre l'homme et la brute un abîme que pendant des milliers de générations et de siècles celle-ci n'a pas réussi à combler. N'est-ce pas là ce qu'il convient d'appeler une différence de nature? Répondra-t-on que la même distance sépare actuellement l'Européen du Papou, et que celui-ci possède trente pouces cubes de cerveau de moins que nous? Pour que l'objection fût valable, il faudrait prouver que le Papou est au même degré que l'animal incapable de progrès, et que l'animal peut s'élever au même niveau intellectuel qu'un Papou. Tant que cette démonstration ne sera pas fournie, l'objection ne vaudra rien [1].

En résumé, il y a sans doute un parallèle entre le développement de l'intelligence et celui du cerveau; mais le cerveau n'étant que l'organe de

---

1. Voy. l'*Étude* suivante.

la pensée, c'est la pensée qui est logiquement et métaphysiquement la cause du développement cérébral. Ni le hasard, qui n'est rien, ni l'action des forces matérielles, qui ne sauraient se donner par elles-mêmes une détermination particulière, n'expliquent l'existence et l'évolution de l'esprit. Il n'y a pas de dialectique qui puisse faire sortir le plus parfait du moins parfait, la pensée de la matière, si le moins parfait, la matière ne sont eux-mêmes les effets d'une cause qui, contenant éminemment la perfection plus haute de la pensée, en ait prédisposé dans l'organisme le siège et les conditions. Si la pensée n'est pas à l'origine, éternellement rien ne pensera.

III. De même que pour M. Spencer nulle différence de nature ne sépare l'action réflexe de l'instinct, l'instinct de l'intelligence, de même, on l'a vu, le génie n'est pour lui que le plus haut degré de la généralisation. — Mais si la généralisation se fait pour ainsi dire d'elle-même dans l'esprit par l'accumulation des expériences, on ne voit pas trop pourquoi tous les hommes d'une même époque, d'une même race, d'une même culture intellectuelle n'auraient pas également du génie. Lorsqu'un nombre suffisant d'expériences s'est enregistré dans une série de cerveaux humains, il doit fatalement arriver un jour, une heure, où se produise cette généralisation supérieure dont on a tort de faire hommage à l'intuition des grands hommes. De plus, dans l'hypothèse où un homme de génie laisserait un fils poursuivant la même carrière que lui, on s'expliquerait mal qu'il ne lui transmît pas, sous forme latente, son capital de généralisations, auxquelles celui-ci devra nécessairement ajouter des généralisations nouvelles, de valeur égale ou même plus grande. Dans de telles conditions, la transmission du génie devrait être une règle sans exception.

M. Spencer ne paraît pas admettre que le génie consiste précisément à devancer les expériences, à en deviner les résultats, par une sorte de sens délicat et infaillible. Le génie n'est pour lui que l'application persévérante de la méthode expérimentale. Le génie n'est plus qu'une limite que chacun peut atteindre ou approcher en raison du nombre d'impressions coordonnées et constantes que les phénomènes extérieurs ont déposées dans son esprit. Une telle doctrine est-elle bien d'accord avec les faits? Tant qu'il ne s'agit que du génie scientifique, le seul que considère M. Spencer, sa théorie est assèz plausible. Les grandes lois de la nature s'expriment par des formules qui ne sont bien certainement que des généralisations de l'expérience. Mais en dirons-nous autant du génie de l'artiste? Les plus grands peintres, les plus grands poètes, les plus grands musiciens ne sont-ils que les plus généralisateurs? Celui qui a perçu le plus de couleurs ou de formes est-il par cela même Raphaël ou Phidias? Celui qui a le plus vécu parmi les hommes sera-t-il nécessairement le meilleur interprète des sentiments et des passions du cœur humain? Combien faut-il avoir entendu de notes ou d'accords pour devenir un Mozart? Qu'il y ait dans toute œuvre de génie quelque chose de général qui dépasse les conditions particulières de lieu et de durée, nous en convenons; que le beau soit dans son essence une forme de l'universel, on peut encore le soutenir; mais cet élément de généralité, d'universalité n'est pas le résultat tardif d'un grand nombre d'expériences aboutissant à des généralisations de plus en plus élevées; l'intuition du génie n'est pas identique au procédé de la logique inductive; le génie, c'est la création, l'invention; c'est une puissance originale qui peut-être sommeillerait toujours si l'expérience n'en sollicitait l'éveil, mais qui trouve en soi le but de son activité, le modèle de ses œuvres, plie la nature à des formes nouvelles et lui imprime la marque glorieuse d'une perfection qu'elle ne connaissait pas.

DEUXIÈME ÉTUDE

L'ORIGINE DE L'HOMME

Dans son livre : *La place de l'homme dans la nature*, M. Huxley croit avoir établi expérimentalement ces deux points : 1° les caractères anatomiques et physiologiques de l'homme sont les mêmes que ceux des mammifères supérieurs ; 2° en admettant, comme l'expérience nous y oblige, que, dans la série des animaux, le développement de l'intelligence soit proportionnel à celui du cerveau, il y a moins de distance entre certaines espèces de singes et les races inférieures de l'humanité qu'entre celles-ci et les races les plus civilisées. En effet, la capacité du crâne chez le gorille peut atteindre 539 centimètres cubes ; cette capacité n'est inférieure que de 431 centimètres cubes à celle de 970, la plus petite que l'on ait constatée dans l'espèce humaine ; mais, comme certains crânes humains mesurent jusqu'à 1781 centimètres cubes, il peut exister entre les crânes humains une différence de 811 centimètres cubes, bien supérieure, on le voit, à celle de 431 qui sépare l'homme du gorille. M. Huxley croit pouvoir conclure, ou bien que l'homme ne forme pas une espèce à part et qu'il a eu son origine dans le règne animal, — ou bien que, si les caractères qui le séparent des autres primates semblent suffisants pour constituer une espèce, il faut admettre plusieurs espèces humaines aussi distinctes les unes des autres que des singes anthropomorphes. Mais l'unité de l'espèce humaine ne fait guère doute aujourd'hui ; si donc les caractères distinctifs des races humaines n'excluent pas l'identité d'origine, on doit en dire autant des différences assez faibles qui existent entre l'homme et les primates.

Il semble donc que si les propositions d'Huxley sont démontrées, le transformisme a gain de cause ; aussi les a-t-on énergiquement combattues. De nombreux travaux, du premier mérite, ont signalé de profondes différences anatomiques entre l'homme et les quadrumanes. MM. de Quatrefages,

Duvernoy, Gratiolet, Alix, Bianconi, Godron, se sont attachés à montrer que, par la station droite, la structure de la colonne vertébrale, la disposition des ligatures de la tête, l'homme ne ressemble en rien au singe. La belle étude d'Owen sur le pied comparé de l'homme et du singe a établi que le pied de celui-ci n'est pas un pied, mais une main avec un pouce, comme il convient à un grimpeur. Enfin, Bischof et Aeby ont fait voir que le crâne de l'homme et celui du singe ne se ressemblent qu'au début : dès qu'ils commencent à se développer, ils s'écartent et même ils se développent en sens inverse.

Toutes ces différences ont leur valeur; pourtant il faut reconnaître qu'elles ne sont pas suffisantes pour justifier la prétention de faire de notre espèce un règne à part. Au point de vue anatomique et physiologique, l'examen comparatif de l'homme et des animaux supérieurs semble autoriser à conclure qu'il y a entre eux identité de nature et peut-être d'origine; cette conclusion s'impose avec une force plus grande encore quand on considère ces organes atrophiés, inutiles, qui sont dans l'homme comme les vestiges effacés d'une organisation moins parfaite.

Restent les attributs intellectuels et moraux, qui élèvent l'homme si fort au-dessus de la bête. M. Huxley reconnaît qu'ils creusent entre notre espèce et les autres « un gouffre énorme, une différence pratiquement infinie ». Mais, en même temps, il se refuse à y voir des caractères vraiment spécifiques. Le naturaliste, selon lui, ne doit tenir compte dans ses classifications que des caractères morphologiques, anatomiques ou physiologiques.

Contre ce principe de méthode le duc d'Argyll [1] s'élève avec force, et son argumentation nous paraît digne d'être remarquée. Quelque mystérieuses que soient encore pour la science les relations entre l'intelligence et son organe, on ne peut nier que ces relations n'existent et que, dans la série des êtres, le développement de l'intelligence ne soit en général proportionnel à celui du cerveau. Si donc, au point de vue intellectuel, l'homme est séparé des autres animaux par « un gouffre énorme », il doit y avoir dans la constitution de son cerveau quelque chose qui réponde à cette supériorité, qui en soit, pourrait-on dire, l'exacte traduction en termes physiologiques. Que ce *quel-*

[1]. *Primeval man.* Londres, 1870.

que chose ne nous soit pas aujourd'hui parfaitement connu, peu importe; l'essentiel, c'est qu'on ne puisse en contester l'existence. Une organisation intellectuelle plus parfaite est corrélative d'une organisation cérébrale plus parfaite, et, par suite, peut être prise comme caractère spécifique au même degré et au même titre que la forme des dents ou la présence d'un sabot.

On objectera que cette perfection plus grande d'organisation cérébrale ne se révèle physiologiquement que par une différence dans le volume et le poids du cerveau; que cette différence est moindre du singe au Papou que du Papou à l'Européen civilisé; qu'elle ne peut, en conséquence, être prise pour un caractère spécifique, à moins de reconnaître aussi plusieurs espèces humaines. — Mais la conséquence ne serait pas rigoureuse. Il est certain qu'un *minimum* de matière cérébrale est nécessaire aux manifestations de la pensée humaine : soit ce minimum 970 centimètres cubes. Au-dessous de cette limite, on ne trouve plus que des cerveaux d'idiots; plus bas encore, des cerveaux de singes. Au-dessus, le volume plus ou moins grand semble avoir moins d'importance : une intelligence complète fonctionne aussi bien avec un cerveau de 1200 centimètres cubes qu'avec un cerveau de 1780. On peut donc admettre, conformément à l'expérience, que la présence dans l'homme d'un cerveau ayant au moins 970 centimètres cubes établit entre lui et la brute une distinction vraiment spécifique, un « abîme infranchissable », tandis qu'au-dessus de cette limite il n'y a plus que des différences de degré insignifiantes ou peu considérables au point de vue physiologique.

Il semble étrange qu'un caractère aussi secondaire qu'une simple différence dans la masse du cerveau puisse creuser un « gouffre énorme », selon le mot de Huxley, entre l'homme et la bête. — Mais d'abord, nous ne savons pas si ces différences de quantité ne correspondent pas à des différences plus profondes de qualité. Qui nous dit que, dans les profondeurs obscures de la matière blanche ou grise, ne s'accomplissent pas entre les cellules des actions et réactions qui nous échappent ; que des mouvements infiniment petits, insaisissables à tous nos instruments d'analyse et d'observation, ne sont pas la condition mystérieuse de la pensée, en sorte que l'instrument cérébral vibre tout autrement chez l'homme que chez le singe ?

Le cerveau est un livre que nous pouvons ouvrir devant nos yeux, mais dont nous sommes loin encore d'avoir déchiffré la langue. — Ensuite, existe-t-il en histoire naturelle un critérium qui permette de distinguer infailliblement un caractère principal d'un caractère secondaire? Il est permis d'en douter.

Dans l'état présent de la science, toute classification est plus ou moins hypothétique; l'importance relative des caractères n'est pas définitivement fixée; elle flotte, dans une certaine mesure, au gré des naturalistes; elle varie suivant le point de vue particulier auquel chacun se place. Qu'on se rapproche, à chaque nouvelle tentative, de la vraie classification naturelle, nous n'y contredisons pas; mais celle-ci n'est jusqu'ici qu'un idéal. Ce que nous regardons actuellement comme un caractère secondaire peut être reconnu plus tard comme un caractère essentiel, et réciproquement. Par conséquent, rien ne nous dit que les classifications de l'avenir n'accorderont pas aux attributs intellectuels de l'homme, manifestés par un cerveau plus vaste, l'importance décisive qu'on leur refuse aujourd'hui.

Ces observations prennent une grande force si

l'on considère les difficultés toutes spéciales que rencontre le transformisme dans l'explication de l'origine de l'humanité. L'essentiel agent du progrès, pour cette doctrine, c'est la sélection naturelle. Mais on ne comprend pas comment la sélection aurait pu faire sortir l'homme de ses ancêtres animaux. Ces ancêtres, par hypothèse, furent des primates, dont l'espèce, depuis longtemps éteinte, donna naissance, d'une part aux premiers hommes, d'autre part aux différentes variétés de singes anthropomorphes. Il est bien clair que, avant cette solennelle époque, aucune race ne possédait sur la planète une puissance intellectuelle comparable à celle du plus déshérité parmi les humains. La concurrence n'existait donc qu'entre des êtres doués de facultés purement animales : la force, l'agilité, des sens mieux affinés, l'instinct aveugle, infaillible, voilà ce qui assurait le triomphe dans la lutte pour la vie. C'est par de tels avantages que les ancêtres de l'homme avaient eu chance de survivre, et c'est en les acquérant à un degré plus haut encore que l'homme pouvait établir sa domination sur ses rivaux. Dès lors, à quoi bon l'intelligence et d'où lui serait-elle venue? Simple animal, il ne pouvait développer en lui-même que les puissances

de l'animal; mais il se trouve qu'à ce point de vue
précisément il est inférieur à beaucoup d'autres
espèces. Il n'a ni la force de l'éléphant, ni l'agilité
du tigre, ni l'odorat du chien, ni la vue perçante
de l'aigle, ni la ruse instinctive du renard; la ruse
n'est chez lui que l'expérience acquise. Sans l'intelligence réfléchie, sans la volonté que la réflexion
suppose, et la raison qui sert de guide à la volonté,
il eût infailliblement péri. — On dira que ces puissances animales, il les possédait autrefois à un
degré éminent, mais que, dans le cours des générations, elles se sont atrophiées à mesure que la
supériorité intellectuelle les rendait inutiles. —
Alors, qu'on m'explique une bonne fois comment
il se procura ce merveilleux instrument de l'intelligence qui tout d'un coup le fit homme, et, par une
suprématie décisive, l'affranchit des chances dou-
loureuses de la défaite dans sa lutte avec les animaux. Quel prodige qu'un être qui, n'ayant pas la
raison, s'avise-un jour qu'elle pourra lui servir
beaucoup mieux qu'un bras robuste ou un jarret
agile, et, sans plus de façon, se la donne lui-même!

A la vérité, le transformisme n'est pas absolument réduit à accepter cette hypothèse insensée
d'un animal qui se métamorphose par son propre

pouvoir en un homme raisonnable. Il peut soutenir et il soutient que les facultés intellectuelles supérieures de l'homme sont le résultat de la faculté du langage, qui elle-même dépend de la constitution cérébrale. Que, dans le cours des générations, un heureux hasard, une *variation accidentelle*, selon l'expression de Darwin, ait amené le cerveau d'un de nos ancêtres animaux à cet état de développement qui le rende capable de la parole : il n'en faut pas davantage; de ce cerveau d'abord obscur a jailli le mot, et, avec lui, la raison. Le langage, dans l'hypothèse transformiste, devient la vraie caractéristique de l'homme et doit son origine à une augmentation peu considérable et toute fortuite de l'organe de la pensée.

Nous ne pouvons dès maintenant aborder une discussion qui sera l'objet d'une des études suivantes; mais il est manifeste *a priori* que le transformisme est impuissant à expliquer comment le passage de la brute à l'homme a été franchi. Il y a là, croyons-nous, une impossibilité logique. Si quelque chose ne peut sortir de rien, par une égale nécessité le moins ne peut produire le plus, ni la *non-pensée* la pensée. J'attribuerai à la sélection naturelle toute la puissance qu'on voudra, et je suis même disposé à la croire très-grande, mais je ne puis admettre que du milieu d'animaux sans parole, sans réflexion, elle soit parvenue à susciter un être capable de parler et de dire *moi*. Si les conditions de la parole et de la pensée existent déjà chez l'animal, pourquoi celui-ci ne parle-t-il et ne réfléchit-il vraiment pas? Si elles n'existent point, comment la sélection, qui ne peut que développer, non créer, les aurait-elle fait naître?

A ce dilemme, les transformistes croient échapper aisément en répondant que, entre les facultés mentales des animaux supérieurs et celles de l'homme, il n'y a qu'une différence, non de nature, mais de degré. Le langage humain n'est qu'un cri perfectionné; le sens moral est le développement de l'instinct social qui fait vivre en troupes les singes de certaines espèces; quant à la religiosité, qu'est-ce autre chose qu'un mélange des sentiments de la crainte qu'éveille en nous l'inconnu, et de la vénération que nous inspire l'idée d'un être dont la puissance dépasserait la nôtre? Le chien, qui a peur d'une ombre et témoigne à son maître une soumission pleine d'amour et de tremblement, n'a-t-il pas tous les éléments essentiels de la religiosité?

Ces assertions seront également discutées dans la suite de ce livre; disons seulement ici qu'il importe assez peu que la différence entre l'homme et la bête soit de *nature* ou seulement de *degré*. C'est là une pure querelle de mots. Si une différence de degré est extrême, elle constitue une différence de nature. Les facultés mentales de l'homme sont capables d'un tout autre développement que celles de l'animal, voilà le fait qu'on ne peut nier; et l'écart entre ces deux développements est tel, qu'Huxley l'a justement appelé un *abîme infranchissable.* Des facultés susceptibles d'un progrès illimité sont réellement autres que celles dont l'expansion est invinciblement bornée à un petit nombre d'effets toujours les mêmes. Nous ne pouvons nous placer dans la conscience de l'animal pour analyser psychologiquement les pouvoirs qui s'y trouvent : si nous le pouvions, l'objet de notre analyse ne serait plus, par cela même, une conscience d'animal, mais une conscience d'homme : il nous faut donc juger par le résultat. Or, le résultat manifeste entre les puissances mentales de la bête et les nôtres une différence pratiquement infinie. Cela est vrai non-seulement de chacune des facultés prises à part, mais de l'ensemble qu'elles forment.

Les facultés, en effet, ne sont pas distinctes les
unes des autres, comme de petites entités qui se
seraient associées pour constituer une république :
elles sont des manières d'être essentielles, inséparables du sujet qu'elles déterminent. Une faculté
de plus ou de moins, et la nature de l'être devient
absolument autre qu'elle n'était. Or, en admettant
que toutes les facultés humaines existent, à un
moindre degré de développement, chez l'animal,
elles ne se retrouvent pas réunies dans une même
espèce. Certains singes, par exemple, vivent en
troupes ; on pourra dire de ceux-là qu'ils ont l'instinct social et que, cet instinct étant la condition
première de la moralité, ces animaux sont, *en puissance*, des êtres moraux ; mais, pour trouver les
germes du sentiment religieux, il faudra s'adresser
à une espèce toute différente, au chien, qui, lui,
ne semble pas vivre en société. Si donc l'homme
est fils du singe ou de quelque espèce analogue,
il n'a pu recevoir en héritage de ses ancêtres que
l'instinct de la sociabilité, nullement celui de religiosité, qui paraît bien leur avoir fait défaut. La
religiosité lui viendrait-elle du chien ou d'une race
éteinte dont le chien serait issu ? Mais quel naturaliste sérieux accepterait cette hypothèse d'une

proche parenté entre l'homme, le singe et le chien?

On répondra que, selon la doctrine transformiste, l'homme est le résumé de l'animalité entière et qu'en lui s'épanouissent, dans un magnifique développement, toutes les facultés mentales que manifestent obscurément et isolément les espèces infé- rieures. L'âme humaine serait comme la synthèse d'instincts ou de tendances qui se trouvent, épars et dispersés, aux différents degrés de l'échelle vivante. — Mais cette synthèse s'est-elle faite toute seule? Ne suppose-t-elle pas un principe d'unité qui est ici cette chose active que la philosophie appelle le *sujet* pensant, et dont les facultés ne sont, répétons-le, que des attributs inséparables? Et, s'il en est ainsi, ne doit-on pas conclure que le sujet ne peut être la somme d'attributs ou de qualités qui, existant avant lui, se réuniraient pour le produire et feraient spontanément leur propre addition; que, loin de là, il leur est, logiquement au moins, antérieur; que, par suite, nul *processus* des facultés animales ne peut expliquer l'apparition dans la nature de l'unité du *moi* humain; qu'enfin c'est une différence essentielle, primitive, irréductible entre ce principe d'unité en nous et ce qui en tient lieu dans l'animal, qui creuse un tel abîme

entre le développement intellectuel et moral de
l'homme et celui de la brute?

Et il ne sert de rien d'objecter que des bornes
non moins infranchissables séparent le développement des variétés diverses qui forment l'espèce
humaine. C'est ici que véritablement les différences
sont, non de nature, mais de degré. Qu'on lise l'important ouvrage du docteur Prichard, *Histoire
naturelle du genre humain*, le livre plus récent de
M. Tylor, *Histoire primitive du genre humain*, et
l'on se convaincra que la constitution fondamentale de l'esprit humain est partout la même. Procédés intellectuels, croyances, superstitions, se
retrouvent presque identiques, au même degré de
civilisation, chez des races qui semblent bien
n'avoir eu jamais aucun rapport. — S'ensuit-il que
l'intelligence d'un Papou puisse s'élever aux abstractions les plus hautes d'un Newton ou d'un
Hegel, que le caractère obligatoire de la loi morale
apparaisse à sa conscience aussi nettement qu'à
celle de Kant? Nullement, et l'on doit ici tenir
grand compte de l'action des causes extérieures et
de l'hérédité. Courbé sous les dures nécessités de
la vie physique, assiégé de tous côtés par une
nature hostile, sans armes, sans outils, sans une

organisation sociale qui multiplie les forces de chacun par celles de tous, comment le malheureux sauvage pourrait-il donner plus de lumières à sa pensée obscure, plus de délicatesse au sens rudimentaire du bien et du mal qu'il porte en lui? Et, depuis de nombreuses générations, la même fatalité pèse sur sa race; l'existence qu'il mène, ses ancêtres l'ont menée avant lui et lui ont transmis, avec un cerveau moindre, une intelligence diminuée. — Mais supprimez ces conditions contraires, affranchissez ces peuplades de leur lutte incessante contre les plus cruelles privations, éveillez en elles, avec ménagement, le noble besoin du mieux; infiltrez lentement quelques connaissances et quelque moralité à travers les dures parois de ces crânes rétrécis ; que ces bienfaisantes influences s'exercent sans interruption pendant de longs siècles, — et vous verrez, n'en doutez pas, les races déshéritées se redresser peu à peu vers la lumière et monter, pleines d'espérance, les premiers degrés de l'échelle sacrée du progrès. — Est-il téméraire d'affirmer que la même tentative, faite sur la mieux douée des espèces animales, serait éternellement infructueuse?.

Nous pouvons donc conclure dès maintenant

que, dans l'explication qu'elle prétend donner de l'origine de l'homme, la théorie transformiste se heurte à des difficultés à peu près insurmontables. Cette conclusion, nous allons la voir se dégager et s'entourer d'une lumière plus vive à mesure que nous poursuivrons l'objet de ces études.

TROISIÈME ÉTUDE

ORIGINE DE LA CROYANCE A LA VIE FUTURE

Quelle est, suivant la doctrine transformiste, l'origine des idées de l'âme, de l'immortalité, de la vie future? Peuvent-elles sortir, par une évoution naturelle, d'opérations ou de facultés mentales qui nous soient communes avec les animaux? Ceux-ci sont-ils capables de les former comme nous? N'impliquent-elles à aucun degré l'intuition d'un principe que l'expérience ne donne pas, le pressentiment d'une destinée qui ne s'accomplit pas tout entière dans les étroites limites du monde sensible? Graves problèmes! mais, avant d'en aborder directement l'étude, quelques considérations de méthode ne seront peut-être pas déplacées.

I

Pour surprendre à leur origine les idées vraiment essentielles à l'esprit humain, il semble que le moyen le plus sûr ce soit d'observer les enfants; mais on s'aperçoit bien vite que la chose n'est pas aussi facile qu'elle en a l'air. Si l'on veut en effet que les observations aient toute la valeur requise, il faut qu'elles portent sur la première enfance, qu'elles saisissent l'homme en quelque sorte au moment où il vient au monde, où nulle idée d'importation étrangère n'a pu encore pénétrer dans son esprit. Or une telle condition est de tout point irréalisable. Aucun souvenir ne peut remonter jusque-là, et les vagissements du nouveau-né ne nous disent rien de ce qui se passe dans le mystère de son intelligence endormie. Plus tard, quand le premier langage traduira au dehors les premiers essais de la pensée, cette pensée, tout enveloppée de sensations, presque inconnue pour elle-même, sans nulle empreinte de personnalité, sera déjà le reflet plus ou moins fidèle des pensées qui l'entourent et la sollicitent; l'homme est autrui avant d'être lui-même. Ajoutez que, quelque disposé qu'on soit à ne pas exagérer le rôle de l'hérédité, il est difficile de prouver que l'enfant n'apporte pas, imprimées pour ainsi dire dans les plis de son cerveau, quelques-unes des dispositions intellectuelles de ses parents, de ses ancêtres, de sa race tout entière.

L'enfant ne nous apprend donc rien sur les idées, les dispositions mentales de l'humanité naissante. Aussi a-t-on fini par s'adresser aux peuples sauvages. On croyait saisir là le genre humain près de sa source; on avait la rare fortune de rencontrer dans des corps adultes des intelligences qu'on se figurait vierges de toute idée factice, de toute croyance artificielle, ayant de plus à leur service des langues qu'il n'était pas impossible d'interpréter. Les sauvages devinrent bientôt les oracles d'une certaine philosophie.

Locke fut, à notre connaissance, le premier artisan de leur crédit. Il fit servir leur témoignage à battre en brèche les *idées innées* de Descartes. Un vieil argument prétend fonder les principales vérités de la métaphysique, de la morale, de la religion naturelle, sur le consentement universel du genre humain. Locke feuilleta les voyageurs et prouva ou crut prouver que les idées d'un Dieu créateur , d'une âme immortelle., d'une règle absolue des mœurs, sont complètement étrangères à l'esprit d'un grand nombre de peuplades sauvages. La philosophie française du xviiie siècle, issue de Locke, le suivit dans cette voie. Les sauvages devinrent à la mode ; on les enrôla contre le rationalisme métaphysique du siècle précédent ; on leur fit dire à peu près tout ce qu'on voulut. Sous la bannière de Jean-Jacques, ils montaient à l'assaut de la civilisation ; sous celle d'Helvétius, ils combattaient pour la morale du plaisir et de l'égoïsme.

L'*homme de la nature* passe à l'état de personnage d'opposition ; on le pare de toutes les vertus : il est sincère, exempt de préjugés, surtout sensible ; le despotisme des tyrans, la fourberie des prêtres, n'ont pas encore altéré la naïve ingénuité de son âme ni faussé l'heureuse rectitude de son jugement. Il ignore les arts corrupteurs, le joug des conventions sociales, les scrupules d'une pudeur hypocrite. Sur la foi suspecte de je ne sais quel voyageur, Helvétius nous apprend qu'à Siam la loi ordonne aux femmes de s'offrir à tout venant, et le voilà près de s'attendrir au spectacle de cette touchante promiscuité. Toute cette société, raf-

Jnée à l'excès, étouffe dans ses salons dorés et rêve les huttes de bambou d'Otaïti.

Par malheur, Otaïti est loin de Paris; il fallait, sur le compte des sauvages, se contenter de relations d'une exactitude souvent douteuse. Que n'eût-on pas donné pour avoir sous la main un sauvage authentique qu'on pût interroger, examiner à loisir et qui fût le témoignage vivant de cet état de nature célébré par les philosophes, comme autrefois l'âge d'or par les poètes ! Aussi fut-ce un cri de joie quand on apprit qu'on avait découvert dans une forêt de l'Aveyron un vrai sauvage. Les docteurs en idéologie s'apprêtaient à faire l'étude minutieuse d'un si précieux sujet. L'illusion fut de courte durée; on reconnut que l'homme de la nature n'était qu'un pauvre idiot échappé d'une maison de fous. A la même époque, Palissot avait jeté un juste ridicule sur ces doctrines, qui prétendaient nous offrir comme modèles des ancêtres à quatre pattes, et vers 1780 on parlait déjà moins des sauvages.

D'importants travaux, surtout en Angleterre et en Amérique, les ont récemment remis en honneur. Des explorations nombreuses et répétées chez les tribus indiennes du continent américain,

au centre de l'Australie et de l'Afrique, dans les
îles de l'Océanie, presque jusqu'aux deux pôles,
ont accumulé les renseignements les plus précis,
les plus variés. L'archéologie préhistorique, la
philologie comparée, ont apporté leur contingent
de lumières; le transformisme a fourni, avec quelques faits bien constatés, de séduisantes conjectures, et aujourd'hui les données expérimentales
d'une psychologie de l'humanité primitive ne font
pas absolument défaut. Ces données, M. Tylor
dans son *Histoire primitive du genre humain*,
M. M'Lennan dans son *Mariage primitif*, M. Alger
dans son *Histoire critique de la doctrine d'une vie
future*, M. de Quatrefages dans son remarquable
livre sur *l'Unité de l'espèce humaine*, le duc d'Argyll
dans son court et substantiel écrit sur *l'Homme primitif*, M. Lubbock enfin dans ses deux ouvrages si
complets, *l'Homme avant l'histoire* et *les Origines
de la civilisation*, — les ont habilement mises en
œuvre : sans poursuivre tous le même but, sans
aboutir aux mêmes conclusions, ils ont employé
cette même méthode qu'on pourrait appeler d'expérience psychologique externe, dont l'observation des sauvages constitue l'essentiel procédé.

Nous n'avons nulle envie de mettre en doute

l'importance de cette sorte d'observation : elle répond à ce besoin d'enquête historique qui est l'un des caractères éminents et l'un des titres de notre époque. En nous faisant assister aux humbles commencements du développement humain, elle nous permet de suivre la formation lente d'idées et de croyances qu'on était tenté de regarder autrefois comme autant d'aperceptions *a priori*, de formes de l'intelligence, inexplicables autrement que par une mystérieuse innéité. Elle confirme en bien des cas cette loi de continuité qui est un des postulats de la raison humaine, et dont les évolutionnistes, après Leibniz, mais autrement que lui, s'efforcent de retrouver la présence et l'action dans la totalité des phénomènes observables.

Malheureusement une foule de causes d'erreur rendent fort difficile l'emploi légitime d'un pareil procédé. Les assertions des voyageurs sont souvent suspectes. S'ils ne méritent pas toujours une entière créance quand il s'agit des armes, des habitations, des coutumes, des caractères ethnologiques, des productions et de la faune du pays, avec quelles précautions ne doit-on pas accepter leur témoignage sur les idées morales et religieuses des peuplades qu'ils ont visitées ! Ces idées sont géné-

ralement fort confuses dans l'esprit des sauvages;
la langue qui les traduit est des plus rudimentaires : comment exprimerait-elle les plus simples
abstractions ? De plus, les sauvages n'aiment pas
qu'on les interroge sur certaines choses; il semble
que leurs superstitions leur apparaissent plus ter-
rifiantes quand elles prennent un corps par le langage, ou qu'ils craignent de livrer à la risée des
blancs des croyances d'autant plus vénérables pour
eux qu'elles les font plus trembler. Ajoutez chez
la plupart une invincible paresse d'esprit, une inca-
pacité presque absolue de suivre un certain ordre
logique de pensées, qui les rendent indifférents à
tout ce qui n'a pas pour objet l'immédiate satisfaction des besoins physiques. Les croyances morales et religieuses sont devenues pour eux comme
des coutumes qu'ils observent par tradition, sans
trop s'inquiéter de leur origine et de leur signification.

A ces difficultés de l'enquête se joignent celles
de l'interprétation. Notre état intellectuel, moral,
social, religieux, est tellement différent de celui
des sauvages, que nous avons la plus grande peine
à entrer dans leur esprit. Voyageurs et missionnaires les abordent avec des idées préconçues et

courent risque de les voir plus ou moins dégradés qu'ils ne sont. En outre, il leur arrive de généraliser trop vite et de conclure sans précaution de quelques individus à toute une race. De là sur les mêmes peuplades des renseignements souvent contradictoires.

Admettons enfin que toutes ces causes d'erreur n'existent pas. Supposons que nous ayons aujourd'hui les éléments exacts, complets, authentiques, d'une psychologie des sauvages ; aurions-nous mis la main sur les vraies origines des idées et croyances fondamentales de l'humanité ? Pourrions-nous nous flatter de posséder une image à peu près fidèle, au point de vue moral et religieux, de l'homme primitif ? Nullement, car ici nous avons à compter avec une opinion qui porte le caractère de la probabilité la plus haute : c'est celle qui ne voit dans les sauvages actuels que les débris de races dégénérées. Cette hypothèse fut pour la première fois soutenue avec éclat par M. de Bonald; il l'appuyait principalement sur des arguments de l'ordre théologique. Vivement attaquée par les transformistes, dont la théorie exige impérieusement que l'homme primitif ait été aussi voisin que possible de la brute, elle a trouvé ré-

cemment d'habiles défenseurs chez les adversaires de M. Darwin et de son école. Au premier
rang se sont placés en Angleterre l'archevêque
Whately et le duc d'Argyll.

L'archevêque Whately part de ce fait, établi
suivant lui par l'expérience, qu'aucune race absolument sauvage ne peut d'elle-même s'élever à
un état, même peu avancé, de civilisation. Il cite
comme exemple les indigènes de la Nouvelle-
Zélande, qui « paraissaient être dans un état tout
aussi avancé quand Tasman a découvert le pays en
1642 qu'ils l'étaient quand Cook les a visités cent
vingt-sept ans plus tard. » L'existence actuelle de
nations civilisées prouve donc que les premiers
hommes ont possédé un minimum d'industrie, de
moralité, de religion, qu'il est difficile de déterminer, mais qui, dans tous les cas, fut bien supérieur au niveau des peuplades aujourd'hui les plus
dégradées. Pour Whately, l'homme primitif fut
nécessairement pasteur et agriculteur.

Ces assertions sont assez contestables. L'état
stationnaire des indigènes de la Nouvelle-Zélande
ne prouve rien : une période de cent vingt-sept
ans est beaucoup trop courte pour produire un
changement appréciable de condition chez les sau-

vages. Plusieurs faits d'ailleurs établissent jusqu'à l'évidence que ceux-ci sont capables de progrès. De plus, si l'homme primitif avait connu l'agriculture et l'élevage des troupeaux, comment expliquer que, chez un grand nombre de peuplades, deux arts aussi utiles se soient perdus ? Les indigènes de l'Australie, ceux des deux Amériques, ignoraient l'un et l'autre. Dira-t-on que leurs ancêtres, plus civilisés, ne les ignoraient pas, mais qu'une lente décadence en a peu à peu effacé jusqu'au souvenir ? En ce cas, on trouverait aujourd'hui à l'état sauvage, en Amérique et en Australie, des troupeaux de bestiaux, descendants de ceux qui auraient été importés à l'origine ; on trouverait tout au moins des squelettes attestant l'existence antérieure d'animaux domestiques, bœufs, moutons, etc. ; or, ni en Australie, ni en Amérique, on n'en a jamais découvert aucun. De même, nul doute qu'on n'eût découvert des variétés de plantes sauvages témoins de l'antique présence des céréales, si l'agriculture avait autrefois fleuri sur ces deux continents.

Tels sont les solides arguments de M. J. Lubbock contre la thèse de l'archevêque Whately. Le duc d'Argyll maintient les conclusions de Whately, mais en les appuyant de meilleures preuves. Il établit une distinction, heureuse selon nous, entre le degré de savoir et le degré de moralité des races sauvages. Il admet que le savoir a pu à l'origine être à peu près nul et l'état industriel rudimentaire; il abandonne l'hypothèse peu défendable d'un peuple primitif agriculteur et pasteur; mais il soutient que, dès le premier jour, l'humanité fut pourvue d'idées morales assez pures ; elles furent alors, selon lui, comme elles le sont encore, les conditions essentielles de tout progrès.

Les coutumes barbares et immorales, l'absence de toute religion, que constatent chez certains peuples sauvages les relations des voyageurs, s'expliquent donc uniquement par une décadence plus ou moins profonde. Ce sont les signes et les effets d'une déviation dans le développement humain, et non les caractères naturels d'une première et universelle période de ce développement. Quant aux causes qui ont pu abaisser au-dessous même du niveau primordial ces races déshéritées, le duc d'Argyll les recherche dans l'influence funeste d'un milieu inhospitalier. Reléguées par l'invasion et la conquête à l'extrémité des continents, parmi les rochers volcaniques de la Terre de Feu ou dans cette lugubre nuit du pôle nord qui dure six mois, contraintes, pour ne pas mourir, à raidir sans cesse toutes les forces de leur corps et de leur esprit, elles ont dû perdre peu à peu les plus nobles traits de l'humanité. Et, de fait, c'est aux extrémités septentrionale et méridionale de l'Amérique, au sud de l'Afrique, chez les Boschimans, les Fuégiens, les Esquimaux, que l'humanité semble le plus près de se confondre dans l'animalité. « L'occupation constante d'un chasseur esquimau, dit le duc d'Argyll, est de se tenir à l'affût, auprès d'un trou, dans la glace, pendant de longues heures, avec une température de 30 degrés au-dessous de zéro, attendant qu'un veau marin vienne respirer. Et quand enfin il a frappé sa proie, son seul bonheur est de se gorger de la chair et de la graisse crue de l'animal. Il est presque impossible à l'homme civilisé de concevoir une vie aussi misérable et, sous bien des rapports, aussi brutale que la vie de ce peuple pendant la longue nuit de l'hiver arctique. »

M. Lubbock combat vivement les assertions du duc d'Argyll [1]. A l'en croire, le duc a calomnié les

—

1. Voy. aussi les objections de M. Staniland Wake, *Chapters on man,* p. 152 sq.

Esquimaux pour les besoins de sa cause, et, invoquant à son tour le témoignage toujours complaisant des voyageurs, M. Lubbock nous montre,
sous ces huttes de neige, à la lueur fumeuse et
nauséabonde de l'huile de baleine, l'aimable simplicité et toutes les vertus de l'âge d'or. Il remarque
en outre que dans les contrées les plus favorisées
de la nature, au Brésil par exemple, les indigènes
sont plus sauvages que ceux des latitudes polaires.
Ce n'est pas uniquement la conquête qui a peuplé
de fugitifs les extrémités des continents, c'est encore et surtout l'émigration provoquée par l'accroissement de la population. Ces essaims, successivement détachés de la grande ruche humaine, ne
furent pas nécessairement de faibles vaincus : ce
furent presque toujours d'énergiques aventuriers,
les meilleurs et les plus courageux de la tribu, qui
s'en allaient, pleins de confiance, droit devant eux,
jusqu'au jour où la terre leur manquait.

Ces vues de M. Lubbock ont leur valeur : il se
rencontre avec Buckle dans l'opinion, confirmée
par l'histoire, que les pays les plus fertiles, dispen-
sant l'homme de tout effort, sont peu propres au
développement de la civilisation. Pourtant il est
bien douteux aussi que les climats extrêmes n'op-

posent pas des obstacles presque invincibles au progrès humain. Il semble difficile de contester qu'à l'origine la guerre et la conquête aient eu la plus grande part dans la dispersion des hommes sur la surface entière du globe. D'ailleurs les causes de cette dispersion importent assez peu. Survivants dépossédés des races vaincues ou colons volontaires, les ancêtres des sauvages ont pu également, par des circonstances fort diverses, descendre peu à peu l'échelle de la dégradation, jusqu'au point où nous les voyons presque immobiles aujourd'hui.

Quelques faits bien constatés permettent de conclure qu'il en fut souvent ainsi. Les Boschimans, par exemple, ont été présentés par certains voyageurs comme une race à part, la dernière des races humaines. Bory de Saint-Vincent nous les montre tellement abrutis, qu'ils ne peuvent même servir comme esclaves; sans habitations, nus, errant dans les forêts par petites bandes ou familles séparées, se nourrissant de racines sauvages, d'œufs de fourmis, de lézards, de serpents, d'insectes immondes, à peine sont-ils au-dessus de l'orang-outang. Voilà peut-être le vrai point de départ de l'humanité, l'image fidèle de l'homme au sortir de la brute! — Informations prises, le tableau a été trouvé beaucoup trop sombre, et des inductions tirées de la comparaison des langues ont établi l'identité de race entre les Boschimans et les Hottentots. Chassés de leur pays à la suite de luttes intestines, ces malheureux Boschimans, de pasteurs qu'ils étaient, sont devenus voleurs; traités en bêtes fauves, ils en ont pris l'aspect et les mœurs. Leurs ancêtres n'avaient pas subi cette honteuse dégradation et n'étaient pas sans doute inférieurs à ces Hottentots modernes, sur l'intelligence et la moralité desquels Kolben nous a laissé des témoignages presque flatteurs.

Ce fait, signalé par le docteur Prichard, d'autres encore recueillis par M. Tylor, donnent un grand poids à l'opinion que les races qui occupent aujourd'hui les derniers degrés de l'échelle humaine sont tombées fort au-dessous du niveau primitif. Il est d'ailleurs impossible de concevoir que l'homme ait jamais vécu en dehors de toute société, fût-ce la plus étroite, la famille, et toute société implique, chez ceux qui la composent, certaines notions morales élémentaires, les idées de justice, de droit et de devoir. Ces idées, à leur tour, en impliquent d'autres, celles d'une sanction de la vie future, d'un être rémunérateur et vengeur. Les concepts moraux essentiels à l'humanité s'enchaînent par les liens d'une déduction invincible; poser l'un d'eux, c'est les poser tous. Sans doute, à l'origine, cette déduction ne fut pas clairement aperçue; une intuition aussi vive qu'indistincte précéda l'analyse et la réflexion, mais le fait primordial et vraiment caractéristique de l'esprit humain fut la conscience immédiate d'une règle du bien et du mal, quelles qu'en aient été les applications particulières, et de ce fait découla, selon nous, l'ensemble des doctrines religieuses et des croyances relatives à la destinée de l'âme après la mort.

Ce sont là, il est vrai, des considérations *a priori;* elles ne nous dispensent pas de suivre les transformistes sur leur propre terrain et de discuter l'explication qu'ils prétendent fournir. C'est ce que nous allons faire; mais, auparavant, il était indispensable de réduire à leur juste valeur les inductions tirées de l'état mental des sauvages contemporains. Il fallait prouver que ceux-ci n'ont aucun titre pour représenter à nos yeux l'humanité primitive, et, fût-il établi que la croyance à l'immortalité de l'âme est totalement étrangère à certaines peuplades, on n'en saurait légitimement conclure qu'elle n'est pas un des caractères distinctifs de l'espèce humaine et qu'elle n'est autre chose que le produit ultérieur et pour, ainsi dire accidentel de facultés qui nous sont communes avec les animaux [1].

II

La mort est un phénomène qui imprime une violente secousse à toute imagination. On a peine à concevoir l'impression qu'il dut faire sur l'esprit des premiers hommes. Ce chef de la tribu , si fort, si redoutable, presque un dieu pour les siens, le voilà raide, immobile, glacé. Parmi tant d'épouvantes qui assiègent de toutes parts le malheureux

1. Il est probable du reste que le nombre des peuplades et des races étrangères à ces croyances a été fort exagéré. « Il n'y a pour ainsi dire pas une nation de la Guinée, dit Prichard, qui ne croie que l'âme est immortelle, qu'elle continue à vivre après la séparation du corps, qu'elle a certains besoins, accomplit certaines actions et est capable spécialement d'éprouver du bonheur ou du malheur. » Quant aux peuples civilisés de l'ancien monde, M. Henri Martin a vigoureusement réfuté l'opinion de ceux qui prétendent qu'on ne trouve pas trace dans les livres saints des Hébreux de la croyance à l'immortalité, et tout récemment M. Ravaisson, dans un beau mémoire sur les *Monuments funéraires chez les anciens*, a montré que certaines scènes des monuments grecs, appelées généralement des *adieux*, expriment au contraire une foi très-manifeste à une réunion ultérieure.

sauvage, celle-là fut la plus terrible. La nuit, les cerveaux sont hantés par l'image du mort, et, comme il arrive en songe, on le voit plus grand, plus vigoureux ; il semble, comme dit Lucrèce, mouvoir des membres plus vastes, posséder une vie plus pleine, être invulnérable à tous les coups. Au réveil, on s'interroge, on se communique les visions du sommeil : le chef est vivant, puisqu'on l'a vu ; ces intelligences ignorantes distinguent mal entre les fantômes imaginaires qui flottent dans le crépuscule des rêves et les réalités que les sens perçoivent. Pourtant le cadavre est là : on l'assied dans sa hutte, devenue chambre funéraire; ce n'est pas ce corps inerte qui a triomphé de la mort : qu'est-ce donc? Une forme qui lui ressemble, quelque chose sans doute qui vivait, se mouvait avec lui et s'est brusquement séparé de lui, son *ombre* peut-être ? Oui, car au coucher du soleil, à cette heure où l'imagination se sent envahir par les vagues inquiétudes de la nuit, l'ombre est plus grande que le corps auquel elle s'attache : plus grande aussi que son corps était l'image du chef apparu. De là cette croyance, universelle dans l'enfance des peuples, que ce qui survit à l'homme, c'est son ombre; de là aussi l'opinion de certaines tribus sauvages, que les cadavres ne font pas d'ombre au soleil.

Voilà, selon M. Spencer, — reproduisant, sans s'en douter, une vieille théorie de Lucrèce sur la formation de l'idée des dieux, — voilà, selon l'école transformiste, le point de départ de la croyance à la vie future. Est-il donc besoin, pour en expliquer l'origine, d'avoir recours à je ne sais quel instinct supérieur, privilège exclusif de l'espèce humaine? L'imagination et le rêve suffisent. Or certains animaux rêvent et imaginent. M. Darwin avait un chien qui témoignait sa frayeur en voyant remuer l'ombre d'un parasol. De la peur des ombres à celle des esprits, il n'y a qu'un pas. La croyance à l'immortalité est en germe dans le cerveau du chien.

Suivons maintenant les développements naturels que cette croyance dut prendre dans l'esprit humain. Il est possible qu'à l'origine les sauvages, fascinés par le prestige que la puissance des chefs exerçait sur leur imagination, leur aient attribué le privilège à peu près exclusif de l'immortalité. En effet, selon le témoignage de M. Lubbock, « aux îles Tonga, les chefs sont immortels, les tooas ou peuple sont mortels ; quant à la classe intermédiaire ou mooas, il y a grande différence d'opinion. » Mais la piété filiale dut être aussi forte et produire les mêmes effets que le respect inspiré par les chefs. Comment croire que l'image des parents morts n'ait pas visité le sommeil des enfants? Et comment la tendresse filiale n'eût-elle pas accueilli avec joie l'espérance à laquelle l'illusion du rêve semblait l'inviter? L'amour ne se résigne pas à l'anéantissement de l'objet aimé. Les parents morts existent donc encore; mais cette existence ne dure pas plus longtemps, selon l'opinion primitive, que leur souvenir dans l'âme de leurs enfants. On trouve chez certaines peuplades sauvages la croyance que les parents survivent, mais non pas les grands parents.

La plus simple des analogies, le désir de retrouver plus tard les êtres aimés, l'horreur instinctive du néant, conduisirent promptement l'homme à penser que quelque chose de lui devait subsister après sa mort. D'ailleurs ce même phénomène du rêve, point de départ de toute cette série d'inductions, ne lui prouvait-il pas que sa pensée pouvait quitter son corps immobile et se trouver instantanément transportée aux contrées les plus éloignées? « Les Dayaks, dit M. Saint-

John, cité par M. Tylor, regardent les songes comme des évènements réels. Ils croient que pendant le sommeil l'âme tantôt reste dans le corps, tantôt l'abandonne et voyage au loin ; ils pensent aussi que, soit qu'elle demeure dans le corps ou s'en éloigne, elle voit, entend, parle et possède une prescience dont elle ne jouit plus à l'état de veille. Les évanouissements sont regardés comme produits par le départ de l'âme, occupée à quelque lointaine expédition. Lorsqu'un Européen rêve à sa patrie absente, les Dayaks pensent que son âme a supprimé l'espace et a rendu une rapide visite à l'Europe durant la nuit. Un grand nombre de tribus croient d'une manière analogue que les songes sont des incidents qui surviennent à l'âme pendant ses excursions hors du corps, et cette idée se traduit par une répugnance superstitieuse à réveiller un dormeur, dans la crainte de bouleverser son corps. Le Père Charlevoix a trouvé simultanément les deux théories en question chez les Indiens de l'Amérique du Nord. Un songe peut être ou bien une visite faite par l'âme à l'objet dont on rêve, ou bien une vision de l'une des deux âmes du dormeur pendant son voyage à travers le monde ; chaque homme en effet a deux âmes, dont l'une reste toujours dans le corps. Les mêmes Indiens pensent que les songes sont d'origine surnaturelle, et que c'est un devoir religieux d'y conformer sa conduite. Ils ne peuvent comprendre que les blancs traitent les songes comme une chose sans conséquence. »

On voit par là toute l'importance du rêve dans la formation des idées relatives à l'existence de l'âme, à ses fonctions et à sa destinée après la mort. Les philosophes pensent avec raison que, pour prouver l'immortalité de l'âme, il faut établir d'abord qu'elle peut exister indépendamment du corps ; cette démonstration préliminaire, l'humanité naissante crut la voir dans le fait mystérieux du rêve. On retrouverait la trace vivante de ces croyances jusqu'aux époques les plus civilisées. Platon, Cicéron, toute l'antiquité, tout le moyen âge, sont convaincus que le sommeil nous met en relation directe avec les esprits des morts, les êtres surnaturels, et voilà qu'aujourd'hui même un homme formé pourtant aux sévères méthodes de la science contemporaine, M. Figuier [1], nous propose de revenir purement et simplement à ces

---

1. *Le lendemain de la mort.* Paris, 1871.

antiques traditions. Dans ce phénomène du sommeil, la physiologie ne voit plus qu'un état particulier du cerveau, ce qui fournit aux matérialistes un de leurs plus spécieux arguments; il serait assez remarquable qu'il eût donné naissance au spiritualisme.

Mais l'idée philosophique de l'immortalité fut lente à se dégager des naïves et grossières croyances qui furent son berceau. Cette ombre séparée du cadavre, qui, affectueuse ou terrible, visite la nuit les vivants, est encore toute matière, matière subtile et insaisissable, vapeur ou fumée, dont le moindre choc peut dissiper la fragile existence. Aussi l'hiver, quand siffle la rafale et que la tempête déchaîne au loin ses colères, le sauvage, enfermé dans sa pauvre hutte, la pensée toute pleine de celui qui vient de partir, croit entendre au dehors comme des gémissements humains; c'est l'âme que bat la tourmente et dont les vents emportent peut-être la vie précaire avec les lambeaux déchirés. Ces terreurs primitives laissèrent longtemps leur empreinte sur les imaginations. Dans l'entretien suprême de Socrate avec ses disciples, ceux-ci, des sages pourtant, semblent craindre pareille disgrâce pour l'âme adorée du maître [1], et Virgile nous montre aussi les âmes se déployant au vent, comme des voiles de navire, pour se purifier de leurs souillures :

> Panduntur inanes
> Suspensæ ad ventos.

L'ombre matérielle a dû conserver les appétits, les besoins et les goûts de son existence terrestre. Elle a faim et soif; aussi met-on dans le tombeau, près du cadavre assis, de quoi boire et manger. Cette coutume paraît bien avoir été universelle; de là les banquets funèbres, si souvent figurés sur les monuments et les vases de l'antiquité classique; de là les libations aux mânes du défunt. Chez certaines tribus sauvages, quand un enfant meurt, la mère vient presser ses mamelles gonflées sur le tertre qui recouvre le corps, et laisse couler à travers le sol, comme pour ranimer les lèvres glacées du petit être, la nourriture tout imprégnée

---

1. « Il me paraît... que vous craignez, comme les enfants, que, quand l'âme sort du corps, les vents ne l'emportent, surtout quand on meurt par un grand vent. — Sur quoi Cébès se mettant à rire : Eh bien ! Socrate, prends que nous le craignions, ou plutôt que ce ne soit pas nous qui le craignions, mais qu'il pourrait bien y avoir en nous un enfant qui le craignît, etc. » (*Phédon.*)

d'amour et de vie. Si le mort était un guerrier, un puissant, il faut à son ombre les armes, les femmes, les esclaves qu'il avait ici-bas ; mais les êtres vivants ne peuvent accompagner le mort qu'en devenant eux-mêmes des ombres : on les immole. Quelquefois on égorgeait des prisonniers sur le tombeau d'un chef, simplement pour lui faire cortège dans l'autre monde ; c'était donner à son ombre une sorte de garde d'honneur formée d'ombres. Achille, dans l'*Iliade*, ensanglante ainsi les funérailles de son ami Patrocle.

Une induction fort naturelle conduisit à penser que les animaux ont aussi des âmes. Comme nous, ils vivent et se meuvent : la mort doit donc laisser subsister d'eux ce qui subsiste de nous-mêmes, un fantôme, une ombre, ayant des facultés analogues, supérieures peut-être à celles que manifestait le vivant. Il semble en effet que les sauvages révèrent, avec une sorte de terreur superstitieuse, dans l'animal un principe qui devient plus puissant par la mort. Aux poissons qu'ils ont pris dans leurs filets, aux bêtes qu'ils ont blessées de leurs flèches, les indigènes de l'Amérique du Nord adressent des prières et des excuses. Les Hurons promettaient aux poissons, s'ils consentaient à se laisser prendre, de

rendre tous les respects possibles à leurs arêtes [1].
Il est clair que ce que les sauvages redoutent et
implorent ainsi, ce n'est pas la malheureuse bête
désarmée dont ils vont faire leur nourriture, c'est
l'âme qu'ils placent en elle, âme qui, dégagée
du corps, va peut-être déployer contre eux des
pouvoirs inconnus et les persécuter de sa vengeance.

Ces idées expliquent l'usage presque universel
aux époques héroïques de sacrifier sur la tombe
des chefs et des guerriers leurs chevaux de prédi-
lection; nous en trouvons des exemples jusque
dans la deuxième moitié du xviie siècle : aux funérailles de Jean-Casimir de Pologne, son cheval fut
égorgé solennellement. De même, quand un enfant
vient de mourir, les Groenlandais ont l'habitude
de tuer un chien, pour que l'ombre sagace de
l'animal serve de guide dans l'autre monde

1. Chez les Hurons, « les ossements du castor étaient
l'objet d'une tendresse particulière, et on les dérobait soi-
gneusement aux chiens, de peur que l'esprit du castor
défunt ou ceux de ses confrères survivants n'en prissent
ombrage. — M. Kinney rapporte la stupéfaction d'un groupe
d'Indiens auxquels on montra un daim empaillé; croyant
que son esprit serait offensé de cet indigne traitement de
ses restes, ils l'entourèrent en lui faisant mille excuses et
en fumant devant lui en guise d'offrande expiatoire. » (*Les
Pionniers français de l'Amérique du Nord*, par Parkman,
introduction, p. lv.)

à l'âme inexpérimentée et peureuse du défunt.

Mais l'analogie alla plus loin encore et attribua une âme même aux objets inanimés. On trouve souvent dans les plus anciens *tumuli* des armes qui évidemment ont été brisées à dessein. Ce fait paraît avec raison à M. Lubbock la preuve que ces peuplades croient, en brisant les objets, les faire mourir, et qu'alors, non pas l'objet lui-même, mais son ombre sert dans l'autre monde au défunt. Celui-ci, passé à l'état de fantôme, ne pourrait faire usage d'arcs, de flèches, de haches, de couteaux, tels que ceux qu'il employait pendant sa vie; mais des ombres conviennent à une ombre, et l'homme retrouve après sa mort, impalpables et pourtant matériels comme lui, tous les objets qui lui furent chers ici-bas. Chasseur, il pourra, dans des plaines sans fin, poursuivre et percer un gibier sans cesse renaissant; guerrier, il livrera d'interminables batailles où les forces ne s'épuisent jamais, où les blessures guérissent d'elles-mêmes; enfant, il aura sa poupée, que sa mère pleurante a déposée près de lui dans son tombeau.

Ainsi, parallèlement au monde réel, on fut amené à concevoir un monde d'ombres et de fantômes, image exacte de l'autre. Quand Scarron, parodiant Virgile, fait la description burlesque des Champs-Elysées, où

> L'on voyait l'ombre d'un cocher
> Qui tenait l'ombre d'une brosse
> Et frottait l'ombre d'un carrosse,

il exprime, sans le savoir, une conception à laquelle s'arrêta sérieusement l'esprit humain pendant la première phase de son développement [1].

Dans cette croyance bizarre et pourtant naturelle, on a voulu voir le germe de ce qui sera plus tard le monde intelligible de Platon. La subtile et profonde théorie des idées ne serait en quelque sorte que la traduction scientifique des grossières opinions des sauvages. Les ressemblances en effet

---

1. « A Tonga, dit Mariner, cité par M. Lubbock, on suppose que les âmes vont au Bolotoo, une grande île située au nord-ouest, île émaillée de toute sorte de plantes utiles et magnifiques, produisant toujours les fruits les plus délicieux, les fleurs les plus splendides, et, dès que l'on cueille ces fleurs et ces fruits, d'autres viennent immédiatement les remplacer... L'île de Bolotoo est si éloignée, qu'il serait dangereux pour les canots des indigènes de s'aventurer jusque-là... Ils croient cependant qu'un canot parvint une fois à atteindre le Bolotoo. L'équipage débarqua; mais, dès que les hommes voulurent toucher à quelque chose, ils ne purent rien prendre, tout disparaissant comme une ombre. Aussi, sur le point de mourir de faim, ils durent se rembarquer, et ils parvinrent heureusement à revenir sains et saufs. »

ne manquent pas. D'abord le mot même qui, dans le langage de Platon, exprime la réalité intelligible, εἶδος, ἰδέα, veut dire au propre *image* ou *fantôme ;* puis Platon, on le sait, reconnaît des *idées* de toutes choses, même des objets inanimés, même de ceux qui sont fabriqués par la main de l'homme : il est question dans la *République* de l'*idée* du lit. — Mais ceux qui font de pareils rapprochements oublient que pour Platon l'*idée* n'est rien de matériel, qu'elle échappe à toute prise des sens et ne peut être perçue que par la plus haute faculté de l'intelligence, l'intuition rationnelle. L'*ombre* des sauvages au contraire est encore matière ; impalpable, elle est pourtant visible. Pour établir la moindre filiation entre des conceptions d'ordre si profondément opposé, il faudrait prouver que la sensation ou son résidu, l'hallucination du rêve, peut d'elle-même, et sans le concours d'opérations supérieures que la sensation n'engendre ni n'explique, introduire l'esprit dans la sphère des vérités absolues, éternelles, immuables, de ces choses en un mot dont les caractères excluent précisément tous ceux de la réalité matérielle et sensible.

Et pourtant, au fond des grossières croyances dont nous venons de faire le rapide exposé, il y a,

selon nous, un élément suprasensible que les transformistes n'ont pas aperçu, et qui suffit pour rendre incomplète et vicieuse l'explication qu'ils prétendent donner de l'origine des opinions relatives
à l'immortalité de l'âme. Cet élément, c'est l'idée
de permanence, de substance, qu'éveille d'abord
en nous le sentiment intérieur. Qu'est-ce donc qui
fait l'homme, j'entends l'homme moral, sinon qu'il
est une personne, qu'il peut dire *moi* ? Et comment
dirait-il *moi*, s'il ne se distinguait de ce qui l'entoure et si, par-delà les sensations qui, simulta-
nées ou successives, viennent de toutes parts faire
impression sur lui, il ne saisissait en lui-même,
plus clairement à mesure qu'il se développe, quelque chose qui demeure immobile, identique, inva-
riable, une réalité vivante qui ne s'épuise ni ne se
disperse dans la multitude des phénomènes attes-
tés par la conscience ou rappelés par la mémoire ?
Voilà le premier fondement de toute croyance à
une âme immortelle, et voilà pourquoi l'animal ne
peut s'élever jusque-là. Emporté par le torrent des
sensations que les objets extérieurs ou les instincts
font naître en lui, l'animal est incapable de se res-
saisir, de se poser par un acte de réflexion en face
de ces hallucinations qui l'obsèdent ; il est, pour

ainsi parler, successivement chacune d'elles ; il ne dit pas *moi*, il n'est pas une personne.

Dans la formation de la croyance à la survivance de l'âme, j'accorde toute l'importance qu'on voudra aux phénomènes du sommeil, à l'horreur instinctive de la mort, en un mot à tout ce qui, dans notre nature, nous est commun avec la bête ; mais tout cela ne suffit pas. S'il n'eût porté en lui-même comme un pressentiment d'immortalité, l'homme aurait eu beau voir en songe l'image de son père ou du chef de sa tribu : en retrouvant le lendemain le cadavre immobile à la même place, il eût convaincu son rêve d'erreur et se fût résigné à penser que tout est bien fini avec le dernier soupir. De plus, en admettant qu'à l'origine le genre humain, dans son ignorance, ait donné aux rêves une créance absolue, les progrès de l'expérience, du savoir, l'auraient à mesure affaiblie et détruite : la foi dans l'immortalité de l'âme aurait ainsi peu à peu disparu, et depuis longtemps il n'en serait plus question. Si donc, même aujourd'hui, l'homme s'obstine à penser qu'il ne meurt pas tout entier, c'est qu'il y a dans cette espérance autre chose qu'une illusion de sauvages : il la puise aux sources vives de sa conscience, dans l'infaillible sentiment qu'il a de sa propre personnalité. Par une fausse induction, il peut avoir attribué primitivement à tous les êtres, même aux objets inanimés, une âme semblable à la sienne ; mais la science les en a bientôt dépouillés. Elle n'a pu, elle ne pourra jamais arracher à l'homme la conviction qu'il survit à son corps, parce qu'il se sent d'autre nature que ce qui meurt en lui.

III

Nous venons de signaler, dans la formation des croyances relatives à l'immortalité, le rôle d'un élément que la théorie transformiste néglige, parce qu'elle est impuissante à l'expliquer. Il en est un autre dont elle ne paraît pas non plus tenir compte et qui est peut-être plus essentiel encore : c'est l'élément moral.

Il est remarquable que M. Lubbock, dans son important ouvrage, *les Origines de la civilisation*, mentionne à peine les idées des sauvages sur les peines et les récompenses de la vie future. L'auteur, qui est darwinien, s'est peut-être senti embarrassé pour expliquer ces opinions significatives par les principes du transformisme : il est en effet difficile de supposer qu'il ait ignoré les témoignages nombreux et frappants recueillis par le docteur Prichard et plus récemment par M. Alger.

On ne peut guère douter que la croyance à une justice distributive dans l'autre monde ne soit aussi ancienne, aussi générale que celle qui affirme la survivance de quelque chose de nous après la mort ; parfois même elle atteste chez d'ignorants sauvages une délicatesse de sens moral dont on peut à bon droit s'étonner.

Nous ne voudrions présenter ici que les traits les plus saillants et les plus caractéristiques des opinions primitives sur la destinée de l'âme après cette vie. Selon M. Alger, les Fuégiens, ces sauvages que quelques voyageurs nous dépeignent comme les derniers des hommes, à peine au-dessus de la brute, pensent que l'âme comparaît devant le tribunal de *Ndengei*. Debout près de Ndengei est un géant énorme : armé d'une hache, il cherche à mutiler, à tuer les âmes qui se présentent au jugement.

Dans presque toutes les mythologies primitives, on retrouve, sous une forme plus ou moins grossière, l'idée d'une première épreuve qui précède pour les âmes celle du jugement. Ainsi les Groenlandais pensent que l'âme, après sa mort, erre pendant cinq jours autour d'un affreux rocher couvert de sang caillé. « Les traditions des Hurons, dit M. Parkman, s'accordent pour représenter le voyage des âmes entouré de difficultés et de périls ; il leur fallait traverser une rivière rapide, sur une poutre tremblant sous leurs pas, pendant qu'un chien, gardien féroce, s'opposait de l'autre rive à leur passage et cherchait à les précipiter dans l'abîme. Cette rivière était pleine d'esturgeons et de poissons que les ombres harponnaient pour leur subsistance ; au delà se voyait un étroit sentier serpentant entre des rochers mouvants, qui s'écroulaient sous eux, écrasant sous leurs débris les moins agiles des pèlerins. » Selon les nègres Aminans, les bons esprits eux-mêmes sont obligés, avant d'aller à Dieu, de subir les persécutions des mauvais esprits ou *didis*, qui cherchent à les saisir et à les entraîner. De là l'usage de consacrer des offrandes à ces *didis* pour satisfaire à leurs exigences. De même, dans la mythologie classique, il faut, au seuil du monde infernal, apaiser les trois gueules de Cerbère. — Sous toutes ces croyances diverses, n'y a-t-il pas l'idée que l'homme, si vertueux qu'il ait été ici-bas, emporte toujours quelque souillure que l'expiation doit effacer, et n'est-ce pas là comme une informe ébauche de la doctrine du purgatoire?

La notion du jugement ne se présente pas partout sous l'image d'un juge et d'un tribunal. Quelquefois la sentence résulte simplement de la facilité avec laquelle l'âme triomphe des obstacles qu'elle rencontre sur sa route. Certains nègres de Guinée sont convaincus qu'au sortir de cette vie chaque âme est accompagnée par deux esprits, l'un bon, l'autre mauvais. Sur le chemin qu'elle parcourt, il est un passage dangereux : un mur se dresse en travers. L'âme pieuse, aidée par le bon génie, franchit le mur aisément ; l'âme perverse s'y brise la tête. C'est une conception fort analogue à celle du fameux pont *Al-Sirat* des musulmans.

Le monde infernal est ordinairement un lieu sombre et souterrain. Il est gouverné par un roi, quelquefois par une reine ; les Groenlandais, par exemple, croient à une sorte de Proserpine qui trône au fond d'une caverne, entourée de monstres marins. Les damnés servent de pâture aux démons, ou bien traînent une existence lamentable, se nourrissant de cendres, de serpents, de lézards et de papillons. Un des châtiments les plus fréquents des âmes qui ont mal vécu, c'est de revenir sur terre, d'errer autour des demeures qu'elles habitaient ici-bas, d'épouvanter et de tourmenter les vivants. Selon certaines tribus nègres, les âmes qui sont devenues la proie des mauvais esprits remplissent l'air de tumulte, font du bruit dans les buissons, troublent le sommeil de ceux qu'elles haïssent. Si une âme apparaît trois jours après la mort, on en conclut qu'elle n'est pas allée à Dieu, et le cadavre est brûlé sans honneur. Mais les âmes des bons ne reviennent pas : Socrate, dans le *Phédon*, dit la même chose. N'est-ce pas une vue d'une moralité profonde et délicate que le principal châtiment de ceux qui ont fait le mal en cette vie, c'est de rester malfaisants après leur mort ?

Quant aux félicités des âmes vertueuses, les croyances varient suivant la nature des misères auxquelles les sauvages sont en proie pendant cette vie. L'Esquimau, glacé par l'éternel et implacable hiver du pôle, rêve un été sans fin, un soleil qui ne se voile jamais, une abondance intarissable de volailles et de poissons. Sa terre est trop nue, son ciel trop lugubre, pour qu'il songe à y placer son paradis ; c'est dans les abîmes de l'Océan que le cherche sa naïve reconnaissance, car c'est l'Océan qui le nourrit. Le Kamstchadale aspire après sa mort à un Kamtschatka idéal, riche en poisson et en gibier, sans volcans, sans marais, et surtout sans Russes ni Cosaques. Là seront réparées toutes les inégalités d'ici-bas; là, celui qui n'avait sur terre que peu de chiens (c'est le plus précieux auxiliaire de ces pauvres gens) en possédera un grand nombre affranchis de la fatigue et de la mort. Pourtant c'est dans le ciel que l'imagination primitive s'est presque toujours figuré la demeure des bienheureux. La voie lactée en est la route, et les sauvages du pôle croient voir des danses d'esprits célestes dans les mystérieux frémissements de l'aurore boréale.

Quelles vertus méritent le paradis, quels crimes sont dignes de l'enfer? Ici, il faut l'avouer, les idées sont assez vagues. Les sauvages ont sans aucun doute conscience d'une distinction primitive, absolue, entre le bien et le mal ; mais la qualification des actes particuliers diffère beaucoup, selon les peuplades, les climats, les degrés de civilisation. En général, ceux-là paraissent avoir conquis des titres à une meilleure existence qui ont été braves et adroits dans les combats. Les services rendus à la tribu, dont l'existence est si précaire au milieu des luttes incessantes qu'il lui faut soutenir avec d'implacables voisins, passent avant tous les autres; puis viennent parmi les plus glorieux mérites les exemples de courage et de succès dans la perpétuelle bataille contre les dures nécessités de la vie physique. On va au ciel, selon les Esquimaux, pour avoir dompté beaucoup de veaux marins, bravé les mers et les tempêtes : n'est-ce pas encore travailler au bien des autres que de leur montrer comment on triomphe d'une nature ennemie? Les femmes qui meurent en couches ont aussi gagné le paradis, car elles aussi ont vaillamment payé leur dette à la communauté, et par une pitié touchante l'infortune suprème de quitter la vie au moment d'être mères leur est comptée pour une vertu.

Réciproquement, ce sont les faibles et les lâches, et, chez les peuplades déjà plus civilisées, les parjures, les meurtriers, les adultères, qui méritent avant tous les autres de descendre au séjour infernal. Sous la contrainte des plus impérieux besoins, l'homme plaça d'abord presque toute la morale dans l'accomplissement des actes utiles pour assurer son existence et celle de la tribu dont il faisait partie ; mais peu à peu, et à mesure qu'il parvint à subsister au prix de moindres efforts, des besoins supérieurs s'éveillèrent dans son âme ; il prit de sa dignité une conscience plus claire et plus délicate, et de nouveaux devoirs lui apparurent qui, accomplis ou violés, le rendraient digne dans une autre vie de récompenses moins grossières ou de châtiments moins matériels.

Notre intention n'est pas de suivre dans ses progrès ultérieurs le développement des croyances relatives à la destinée de l'âme ; nous avons essayé de montrer que la théorie transformiste est loin de donner de l'origine de ces croyances une suffisante explication. Nous avons mis en lumière deux éléments essentiels dont elle ne rend pas compte : la conscience qu'a l'homme d'être une personne permanente, identique, capable de dire *moi*, et la conception d'une justice réparatrice au-delà de cette vie. Ni l'une ni l'autre de ces deux notions ne peut se ramener à ces illusions du sommeil et de l'imagination ignorante, qui, selon les transformistes, sonnèrent seules naissance à l'idée d'une âme immortelle. L'animal est également incapable de les concevoir, car s'il ne peut, dans le courant des pensations qui fatalement l'entraînent, saisir une personnalité distincte de ces sensations mêmes, il ne peut davantage, et par le même motif, s'élever à l'intuition absolue d'une loi obligatoire et des sanctions qu'elle suppose.

Entre ces deux éléments supérieurs, impliqués dans la croyance à l'immortalité, l'analyse découvre le plus intime rapport. En effet, si l'homme a conscience d'être une activité libre, il ne se peut qu'il ne conçoive en même temps la loi de cette liberté; et, d'autre part, c'est sans doute parce qu'il eut dès l'origine l'idée de cette loi qu'il prit conscience de sa liberté et de sa personnalité. Il est probable que la première alternative entre deux déterminations également possibles, l'une approuvée, l'autre condamnée par le sens moral, lui révéla du même coup la loi obligatoire gravée au plus profond de son être, et le caractère éminent de sa propre nature, capable d'obéir ou de se soustraire à cette loi.

C'est donc la conception d'une règle des mœurs qui paraît être le fait distinctif, l'exclusif privilège de notre espèce. C'est d'elle que découlent véritablement toutes les croyances dont nous avons retracé dans cette étude un rapide tableau. Naïves et grossières à l'origine, elles portent cependant l'empreinte de la noblesse essentielle au genre humain. Par les progrès de la réflexion et de la moralité, elles s'épurent et se spiritualisent à mesure : l'âme cesse d'être un fantôme pour devenir une essence vraiment immatérielle ; le paradis et l'enfer ne sont plus que la possession ou la privation de la vérité et de la perfection suprêmes ; mais ces progrès attestent que le fonds même de telles croyances est impérissable : aux rayons de la science se sont évanouies les superstitions primitives ; le dogme d'une vie future et d'une souveraine justice n'a pas pâli devant eux. Et quelle science en effet pourrait jamais forcer l'homme à croire que la mort l'engloutit tout entier, que ses misères sont sans espérance et que toute justice se consomme ici-bas ?

QUATRIÈME ÉTUDE

L'ORIGINE DES CULTES PRIMITIFS

L'homme, a-t-on dit, est un animal religieux. Ce privilège, les transformistes le lui contestent aujour-d'hui ; d'autres, qui sont disposés à le lui reconnaître, douteraient volontiers qu'il fût pour lui un titre d'honneur. L'histoire des religions, semble-t-il, n'est guère que celle des superstitions du genre humain. Que sont les premiers dieux ? Des animaux, des arbres, des fontaines, des pierres, les astres. Et pour toutes ces divinités impuissantes ou ridicules, l'humanité se prend de terreurs indicibles ; elle se déchire elle-même, elle couvre la terre de massacres et de sang ! En vérité, a-t-elle donc le droit d'être si fière de cet attribut de *religiosité* qui la met au-dessus des espèces animales

les plus voisines? N'est-on pas tenté de croire, avec Buckle, que la religion a fait, somme toute, plus de mal que de bien, et, avec Comte, qu'il est temps de dépouiller ce besoin de surnaturel, enfantine et funeste illusion de l'ignorance, et d'entrer enfin et à toujours dans l'âge viril de la science positive?

De telles réflexions assaillent parfois celui qui se donne, par l'étude de récents travaux, l'étrange et affligeant spectacle des cultes primitifs. Nous voudrions chercher ici ce qu'elles peuvent avoir de fondé. Est-il donc vrai que l'homme ait jamais choisi ses dieux au-dessous de lui? Faut-il prendre à la lettre l'adoration des animaux, des plantes, des pierres, et en général des fétiches? N'y a-t-il pas, derrière ces monstrueuses apparences, quelque signification raisonnable qui, même à l'origine, atteste l'essentielle dignité de l'intelligence humaine, trahisse les premiers efforts d'une réflexion judicieuse et contienne la promesse des progrès ultérieurs? Nous avons exposé dans la précédente étude les motifs qui portent à croire que le niveau moral et religieux de l'humanité primitive fut beaucoup plus élevé que celui des sauvages les plus dégradés; c'est une démonstration nouvelle

de cette hypothèse que nous nous proposons de
tenter.

I

Il n'est guère douteux que le culte des animaux
n'ait été à peu près universel. Déjà, au siècle dernier, de Brosses, dans un excellent mémoire sur
le culte des dieux fétiches, signalait d'incontes-
tables rapports entre la religion des Égyptiens et
celle des peuplades sauvages. Les animaux qui
sont l'objet de l'adoration populaire sont différents
selon les pays. Certaines tribus de l'Afrique gar-
dent au fond d'un sanctuaire un tigre orné de fétiches ; on lui offre des moutons, des volailles, du
maïs ; on exécute des danses en son honneur. Ailleurs, c'est le crocodile qui est l'animal sacré ; agiter
une lance au-dessus des eaux qu'il habite est un
crime capital. L'ours est une divinité dans le Nord,
le jaguar au Brésil, le crapaud dans l'Amérique du
Sud. Les Maoris vénèrent l'araignée ; ils voient
dans les fils de la Vierge le chemin que suivent
les âmes des fidèles pour aller au ciel ; aussi se
font-ils scrupule de les rompre. A tous les éche-

lions du règne animal, l'ingénieuse superstition a
su trouver des dieux.

Mais aucun culte n'a été plus répandu que celui
du serpent. L'universalité de cette religion a de
quoi surprendre ; un écrivain anglais, M. J. Fergusson [1], qui s'en est fait l'historien, la rencontre
sous toutes les latitudes du globe. Certains témoignages d'Hérodote et de Plutarque permettent de
penser qu'elle existait en Égypte ; selon M. Fergusson, elle fut, chez les Juifs, antérieure au culte
spiritualiste et monothéiste de Jehovah. Moïse fit
d'énergiques efforts pour l'extirper ; de là la malé-
diction prononcée contre le serpent dans la Genèse.
Il ne réussit qu'imparfaitement ; comme toutes les
religions vaincues, celle du serpent subsista, latente et méprisée, dans les couches inférieures du
peuple juif. De loin en loin, elle reparut au grand
jour, brava le mosaïsme et dressa autel contre
autel. C'est ainsi que tout Israël se prosterne devant
le serpent d'airain, qui pendant cinq cents ans fut
publiquement encensé et adoré. Cette superstition
tenace fait encore gémir Salomon, et ce n'est
qu'au temps d'Ezéchias que le culte du serpent est

1. *Tree and Serpent Worship*, par James Fergusson. Londres, 1868.

définitivement aboli. D'après Sanchoniaton , cité par Eusèbe , on l'adorait en Phénicie : il était probablement la troisième personne de la trinité babylonienne ; les anciens Perses lui attribuaient également un caractère religieux. Même après l'avènement du christianisme, on retrouve ce culte en Orient : au témoignage de Tertullien, la secte célèbre des Ophites, probablement originaire de la Perse, mettait le serpent au-dessus du Christ lui-même.

M. Fergusson, à qui nous laissons, bien entendu, toute la responsabilité de ses conjectures, croit retrouver dans l'histoire des religions de la Grèce antique les mêmes phases que chez le peuple juif. A une époque fort reculée, les Pélasges auraient eu pour divinités principales les animaux, surtout les serpents. Les Hellènes, vainqueurs des Pélasges, auraient engagé contre ce culte odieux une lutte dont Hercule est le héros. A peine est-il né qu'il trouve deux serpents dans son berceau et les étouffe ; plus tard, il tranche d'un seul coup les têtes toujours renaissantes de l'hydre, symbole de l'indestructible vitalité des superstitions populaires. De même Cadmus tue le dragon, et Apollon perce Python de ses flèches. Cependant le vieux culte n'est pas mort ; il est seulement devenu inoffensif pour la religion nationale de la race victorieuse : le serpent pélasgique est tombé, pourrait-on dire, au rang de *dieu-patois*. Dans cette position modeste, on le tolère, on le relève même en partie de sa défaite ; on lui rend quelques honneurs. Il a cessé d'être terrible, il a pris le rôle discret de divinité domestique, de génie tutélaire, ἀγαθοδαίμων. Il est plein de sagesse, il connaît les remèdes qui sauvent ; il est le gardien des temples et rend des oracles ; sa fuite de l'Érechtéum annonce aux Athéniens l'arrivée des Perses. Cher à Esculape, il l'est aussi à Pallas, dont il sert les vengeances, témoin Laocoon. C'est un heureux présage quand il se glisse au milieu d'un sacrifice, s'enroule autour de l'autel, goûte aux libations sacrées, et se retire, furtif et mystérieux, comme un fantôme.

Nombre de personnages illustres se vantaient d'avoir eu pour père un serpent. On le croyait d'Alexandre, et Philippe affectait de s'en montrer fort honoré. Amphitryon n'a pas le mauvais goût de se plaindre de Jupiter. Auguste eut l'adresse de faire courir le même bruit sur son compte. Scipion l'Africain passait pour avoir été nourri par un serpent. Le culte du serpent vint peut-être à Rome

de l'Étrurie ; en tout cas, il fut solennellement importé de la Grèce par ordre du sénat. Pendant une
peste qui désolait l'Italie, une ambassade alla chercher à Épidaure le dieu Esculape, qui, métamorphosé en serpent, consentit à s'embarquer sur la
flotte romaine, et, par sa présence, fit cesser le
fléau. Bien après l'établissement du christianisme,
ce culte se maintient encore dans la Grèce et l'empire romain ; Élien rapporte que de son temps on
attribuait au serpent le pouvoir délicat d'indiquer
la chasteté des filles.

Il serait trop long de suivre M. Fergusson chez
les différents peuples où il signale les traces de
cette singulière religion. Il la trouve chez les anciens Prussiens et les anciens Polonais, en Sarmatie, en Scandinavie, où jusqu'au vi^e siècle de
l'ère chrétienne les serpents passent pour des
dieux familiers. Selon Castren, les Lapons croient
que ces animaux vivent comme nous en société,
qu'ils ont des chefs qui se réunissent annuellement
et qui étendent leur juridiction même sur les hommes auxquels il est arrivé d'offenser ou de tuer
quelqu'un de leurs sujets. Le même culte semble
avoir existé autrefois en Gaule et dans la Grande-
Bretagne ; il existe encore chez certaines peuplades

américaines et dans un grand nombre de tribus de l'Afrique. M. Fergusson pense qu'il précéda dans l'Inde le brahmanisme, reparut avec le bouddhisme, et qu'il est aujourd'hui vivant, mais effacé, au fond des croyances religieuses de la grande péninsule.

L'adoration du serpent se présente presque partout étroitement unie à celle des arbres. M. Fergusson, qui signale le fait, ne se charge pas de l'expliquer ; mais il est assez général pour permettre de conclure que les deux cultes n'en firent primitivement qu'un seul. Le culte des arbres paraît même avoir été plus répandu que celui du serpent, ou du moins avoir plus longtemps duré. L'Orient eut ses arbres sacrés. Moïse et les prophètes s'élèvent souvent contre cette superstition, fort répandue chez les Juifs. « Vous ne planterez point, dit Moïse, de grands bois ni aucun arbre près de l'autel du Seigneur votre Dieu. » Et Osée, parlant des Juifs infidèles, s'exprime ainsi : « Ils sacrifiaient sur le sommet des montagnes et des collines, ils brûlaient de l'encens sous les chênes, sous les peupliers et sous les térébinthes. » Nous savons par Eusèbe qu'on adorait encore au temps de Constantin le térébinthe sous lequel Abraham, selon la tradition, s'était entretenu avec les anges.

Les Indiens paraissent avoir voué un culte au palmier, au lotus et au sandal. Quand le roi Açoka voulut introduire le bouddhisme à Ceylan, il y transporta en grande pompe une branche du *bô*; cet arbre mystérieux à l'ombre duquel avait médité Çakya-Mouni. L'antiquité classique tout entière attribue à certains arbres un caractère religieux. Il est superflu de rappeler les chênes prophétiques de Dodone, les trirèmes d'Énée, métamorphosées en déesses marines, le figuier Ruminal. Un poirier du Péloponnèse avait servi d'abri aux Dioscures; l'olivier était dédié à Minerve, le laurier à Apollon, le myrte à Vénus, le lierre à Bacchus, le peuplier à Hercule, le chêne à Jupiter. « Les arbres, dit Pline, furent les premiers temples, et nous voyons aujourd'hui les campagnes, fidèles encore à la simplicité de l'ancien culte, consacrer leur plus bel arbre à la divinité. » Au pied de ces arbres, on établissait des autels; on leur offrait du vin, des fruits et du miel en invoquant leurs rameaux. Souvent on les chargeait de bandelettes, et un ingénieux archéologue, M. Charles Toubin, pense que là pourrait bien être l'origine de nos arbres de la liberté [1].

---

1. Voir aussi Lubbock, *Origines de la civilisation*, tr. franç., p. 299.

Les mêmes croyances et les mêmes pratiques se retrouvent chez les anciens Celtes, qui semblent avoir vénéré principalement les pommiers et les chênes. Elles résistèrent longtemps à l'action du christianisme. Le concile d'Arles en 452, plus tard un concile d'Auxerre, Grégoire le Grand au VIe siècle, au VIIe saint Éloi de Noyon, recommandent de détruire les arbres que l'on nomme sacrés, de poursuivre et de chasser leurs adorateurs. A plusieurs reprises, les capitulaires de Charlemagne font mention de ce culte et édictent des peines contre ceux qui s'y livrent.

Des arbres aux fleuves, aux lacs et aux fontaines, la transition est assez naturelle : on n'est donc pas surpris de les voir figurer parmi les divinités de la religion primitive. Les sauvages de l'Amérique du Nord jettent ce qu'ils ont de plus précieux, tabac, couteaux, pièces d'étoffe, dans les rivières et les lacs pour se rendre favorable l'esprit qui les habite. Au temps de César, les Tectosages de Toulouse adoraient un lac et lui témoignaient leur dévotion en lui offrant des bracelets, des colliers, des monnaies d'or : depuis des siècles, un trésor immense s'accumulait au fond. Certaines de nos campagnes conservent encore aujourd'hui les traces de cette vieille superstition [1].

Les montagnes, les rochers, les pierres, semblent avoir été partout des objets sacrés. On sait les imprécations de l'Écriture contre les infidèles qui sacrifiaient sur les hauts lieux. Les témoignages des voyageurs sur l'adoration des pierres par les sauvages sont innombrables ; souvent on les emmaillotte de bandes d'étoffe ou on les enduit de couleur rouge. Une pierre noire était la divinité des Arabes avant Mahomet. L'Hermès des Grecs était primitivement une simple pierre levée ; « la Vénus de Paphos, dit de Brosses, était une borne ou une pyramide blanche ; la Junon d'Argos, l'Apollon de Delphes, le Bacchus de Thèbes, des espèces de cippes... La Matuta des Phrygiens, cette grande déesse apportée à Rome avec tant de respect et de cérémonie, était une pierre noire à angles irréguliers. On la disait tombée du ciel à Pessinunte. » — Les anciens Celtes faisaient proba-

---

1. « La fontaine de Saint-Hillier (Seine-et-Marne), dit M. Ch. Toubin, guérit la fièvre, et l'on accourt de toutes les parties du pays environnant pour lui demander la santé ; les malades jettent de l'argent dans la source même, qui passe pour contenir un trésor. Voilà bien tous les caractères des sources sacrées du paganisme, dites aussi *puits à la monnaie*... A côté de la source est un vieil arbre mort, taillé en forme de croix, et toujours chargé de lambeaux d'étoffe. »

blement des offrandes à certaines pierres, car au
XIIe siècle, en Gaule et dans la Grande-Bretagne,
les conciles poursuivent encore de leurs anathèmes
cette indestructible idolâtrie.

On a souvent pensé que le culte des astres et du
feu présente un caractère plus élevé, plus spiritualiste que celui des animaux, des arbres et des
pierres, et qu'en conséquence il est postérieur.
Telle est l'opinion d'Auguste Comte, qui voit dans
le sabéisme la transition constante et nécessaire
du fétichisme au polythéisme. Rien n'est moins
prouvé. Nous voyons le soleil, la lune, les étoiles,
adorés par quelques-unes des tribus les plus grossières, en même temps que d'autres fétiches. D'autre part, Dupuis se trompe également en avançant
sans preuves que le culte des corps célestes est la
religion primitive, et que toutes les autres en sont
dérivées. La vérité, semble-t-il, c'est que le sabéisme est contemporain des autres formes du fétichisme et n'indique pas par lui-même un degré
supérieur de civilisation.

Que la superstition des premiers hommes ait
égaré leurs hommages sur tous les objets de la nature, on le comprend encore : différentes explica-
tinos, plus ou moins plausibles, peuvent en être

données. Il est plus difficile d'admettre que des
objets purement artificiels, des choses de fabrique
humaine, soient devenus des dieux. D'après Hérodote, les Scythes adoraient un sabre de fer : en
son honneur, ils sacrifiaient annuellement des bestiaux et des chevaux; il recevait à lui seul plus
d'offrandes que toutes les autres divinités. Les Vi-
tiens ont un respect superstitieux pour certains
bâtons. Ici, c'est une barre de fer qui reçoit les honneurs divins; là, ce sont deux plats d'argent; ailleurs, c'est un anneau destiné à être passé dans les
cartilages du nez; ailleurs encore, c'est une cré-
celle. Le Père Loyer a vu adorer le roi de cœur
d'un jeu de cartes[1].

Que penser de tous ces cultes? Faut-il prendre
à la lettre les témoignages qui en établissent l'existence à peu près universelle à l'origine? La raison
humaine, le sentiment religieux, sont-ils vraiment
partis de si bas? Comment le progrès sera-t-il possible, si les croyances primitives ne contiennent
pas le germe, aussi obscur que l'on voudra, des
développements ultérieurs? De rien ne se fait pas
quelque chose, et les formes épurées de religion

1. Lubbock, *Origines de la civilisation*, p. 314, 315.

auxquelles, dans le cours des siècles, s'élève de lui-même le genre humain, nous devons pouvoir les découvrir, vaguement dessinées déjà, dans la masse grossière des plus anciennes superstitions.

II

Jusqu'ici, nous nous sommes bornés scrupuleusement à exposer les faits : tâchons maintenant de les expliquer. Il faut distinguer tout d'abord entre le fétichisme proprement dit et le culte des animaux, des plantes et des astres. L'usage a réservé le nom de fétiches à ces objets inanimés que les sauvages portent ordinairement sur eux et auxquels ils attribuent un pouvoir surnaturel ; mais le fétiche est-il véritablement un dieu et adoré comme tel ? En aucune façon. Le sauvage croit seulement que, par l'intermédiaire du fétiche, il peut contraindre son dieu à l'exaucer ; le fétiche est, pour ainsi parler, un otage de la divinité qu'il tient entre ses mains ; c'est, pourrait-on dire encore, comme un billet à ordre que le dieu s'est engagé d'honneur à ne pas laisser protester. Aussi, quand l'évènement tourne contre son attente, le sauvage insulte et maltraite son fétiche ; il le rejette comme chose vile et s'en choisit un autre. Ces dispositions se retrouvent, même chez des nations relativement civilisées, à l'égard des idoles, qui ne sont au fond que des fétiches. « En Chine, parmi le peuple, dit M. Lubbock, si, après de longues prières adressées à leurs idoles, ils n'obtiennent pas ce qu'ils désirent, comme cela arrive souvent, ils les mettent à la porte comme des dieux impuissants ; d'autres, les traitant plus mal encore, les injurient et quelquefois les battent. « Eh bien ! chien d'esprit, lui disent-ils, nous t'avons logé dans un temple magnifique, nous t'avons couvert de dorures, nous t'avons bien nourri et abreuvé d'encens, et, après tous ces soins, tu es assez ingrat pour nous refuser ce que nous te demandons ! » Puis ils attachent des cordes à l'idole, la précipitent à bas de son piédestal, la traînent dans les rues, au milieu de la boue et des ordures, pour la punir des dépenses inutiles qu'ils ont faites pour elle. Si, pendant ce temps, il arrive que leurs vœux sont remplis, ils la reconduisent au temple avec le plus grand cérémonial, la lavent, la replacent dans sa niche, s'agenouillent devant elle et lui font mille excuses de leur conduite. « Il est vrai, disent-ils, que nous avons été un peu trop vifs ; mais toi, de ton côté, tu as été un peu trop lente à nous accorder ce que nous désirions. Pourquoi t'être attiré ces mauvais traitements ? Mais ce qui est fait est fait ; n'y pensons donc plus. Si tu veux oublier le passé, nous allons te dorer à nouveau [1]. »

Les circonstances dans lesquelles se fait le choix du fétiche prouvent bien qu'il n'a véritablement par lui-même aucun caractère sacré. Un nègre intelligent dit un jour à Bosman : « Si l'un de nous est résolu à entreprendre quelque chose d'important, la première chose qu'il fasse est de chercher un dieu qui l'aide dans son entreprise. Dans ce dessein, il sort et prend pour dieu la première créature qui se présente à lui, un chien, un chat, peut-être même un objet inanimé qui se trouve sur son chemin, une pierre, un morceau de bois, ou quoi que ce soit, cela importe peu. Il offre immédiatement une offrande à ce nouveau dieu, lui explique son entreprise et lui fait un vœu solennel que, s'il le fait réussir, il le considérera et l'adorera désormais comme son dieu. Si son entreprise réussit, il a découvert un nouveau dieu fort utile à qui il fait

1. Lubbock, p. 330-331.

chaque jour de nouvelles offrandes ; si le contraire arrive, il rejette le nouveau dieu comme un instrument inutile, qui redevient simple pierre comme devant. Nous faisons et défaisons donc journellement nos dieux et sommes par conséquent les inventeurs et les maîtres de ce que nous adorons[1]. »

Il est clair, d'après tout cela, que le fétiche n'est pas un dieu, et qu'une vague notion du caractère immatériel de la divinité se cache sous ces grossières croyances. Le sauvage a l'instinct qu'un pouvoir mystérieux l'entoure, l'enveloppe, le domine : il le sent dans son cœur, il l'entrevoit dans sa raison obscure ; nulle part ses yeux ne le découvrent. Inquiet, il voudrait s'y soustraire ou se le concilier ; il s'ingénie à l'enfermer dans un lieu, à le matérialiser, pour le ramener à une mesure humaine et le tenir sous sa main. Ses laborieux et vains efforts, ses colères contre l'idole menteuse attestent l'action latente de la grande idée qui vit au plus secret de son être, et qu'il manifeste en la défigurant.

Quant au culte des animaux, des plantes, des fleurs, des fontaines, des astres, on en a donné

---

1. Lubbock, *les Origines de la civilisation*, traduction française; p. 327-328.

diverses explications. Celle qui a cours d'ordinaire, c'est que l'homme confondit à l'origine la pensée, la vie, le mouvement, et, par une sorte d'illusion naturelle, projeta au dehors de lui-même sa propre personnalité. Il se répandit dans la nature vivante et crut y trouver une âme semblable à la sienne. Cette âme universelle, qui rugit dans le tigre, rampe dans le serpent, fleurit dans la plante, coule dans les rivières, resplendit dans le soleil, scintille dans les étoiles, sollicite également, sous l'infinie variété de ses formes mobiles, l'adoration de la primitive humanité.

Prêter à celle-ci une pareille conception, c'est, croyons-nous, la faire à la fois trop enfant et trop philosophe. L'idée d'une âme du monde, d'une vie de l'univers, est le résultat de savantes et tardives réflexions ; elle peut s'épanouir à l'aise dans la vaste et subtile intelligence d'un Platon, d'un Plotin : elle n'a pas sa place dans l'étroit et rude cerveau de l'homme des premiers âges. Se figurer d'autre part que l'humanité primitive anime toutes choses des rayons encore incertains de la personnalité qu'elle sent poindre en elle-même, c'est méconnaître les conditions de son existence.

On a étrangement abusé du parallèle, vrai par

certains côtés, entre l'homme primitif et l'enfant.
Jeté nu sur la terre, sans famille pour le recevoir,
sans mère pour l'allaiter, l'enfant infailliblement
périrait. Quel qu'ait été l'homme primitif, il diffé-
rait certes de l'enfant, puisqu'il a survécu. Il eut à
lutter contre des obstacles inouïs : de gigantesques
animaux lui disputaient l'empire ; il dut fabriquer
des armes, tailler des silex, user de force et de
ruse, observer, calculer, prévoir, et cela dès les
premiers jours de son apparition sur la terre. On
ne saurait comprendre qu'il eût été capable de tels
efforts sans une conscience déjà très-claire et très-
énergique de sa personnalité. Or la personnalité
n'existe qu'à la condition de s'opposer à ce qui
n'est pas elle ; se connaître comme une personne,
c'est affirmer qu'on est autre que les objets et les
êtres extérieurs ; c'est les poser en face de soi, les
déclarer étrangers à soi. Si pour nous les autres
hommes sont des personnes, c'est que, par induction, nous découvrons en eux les marques d'une
activité intelligente et libre, sœur de la nôtre, et
cette parenté, c'est le langage qui la révèle. Quant
aux êtres qui n'emploient ni n'entendent aucun
langage humain, nous n'hésitons pas plus à leur
refuser le caractère de la personnalité qu'à nous

l'attribuer à nous-mêmes : les deux jugements sont corrélatifs l'un de l'autre. Si donc l'homme primitif eut nécessairement conscience de sa personnalité, il connut du même coup, et d'une évidence également nécessaire, l'impersonnalité non-seulement des objets inanimés, mais des plantes et des animaux. Il comprit immédiatement son incomparable dignité, et, loin de se confondre avec les choses, il en commença la conquête, les plia l'une après l'autre à son usage, et lentement imprima sur la face de la nature le sceau de sa souveraine domination.

Il nous semble donc contradictoire avec les conditions d'existence des premiers hommes que le culte des animaux, des plantes, des fleurs, des astres, ait été vraiment primitif. L'homme dut, à l'origine, rapporter tout à lui ; il avait trop à faire, il avait trop rude guerre à mener contre les êtres hostiles qui de toutes parts l'assiégeaient, pour s'alanguir dans la mysticité du panthéisme et curieusement écouter autour de lui les palpitations de l'âme universelle. Il estima les êtres et les choses à raison du mal ou du bien qu'ils lui faisaient. La férocité du tigre, son agilité prodigieuse à fondre sur sa victime, sa force, supérieure à celle de l'éléphant, le désignaient entre tous aux honneurs divins. On comprend aussi que le serpent se soit fait une large place dans le culte épouvanté des premiers hommes. Il se meut rapidement sans organes moteurs apparents ; on dirait parfois qu'un ressort invisible le projette en avant comme une flèche ; il enlace sa proie, l'étouffe, l'écrase en un clin d'œil ; sa dent, quand elle est venimeuse, perce à peine la peau et donne une mort infaillible ; il renouvelle au printemps son enveloppe et semble jouir du privilège du rajeunissement et de l'immortalité ; il est mystérieux, furtif, inévitable : en voilà plus qu'il n'en faut pour faire un très-grand dieu.

La même explication peut être donnée pour l'adoration des arbres. Une vague terreur se mêle à la demi-obscurité des forêts. « Si vous vous promenez, dit Sénèque, dans un bois planté de vieux arbres de grosseur extraordinaire, dont les branches entrelacées interceptent la lumière du ciel, la grande élévation, le calme, l'ombre profonde, tout imprime à votre esprit la conviction qu'un dieu est présent. » Mais disons-le à la louange du genre humain : la reconnaissance fit peut-être encore plus de dieux que la crainte. C'est la gratitude pour les services rendus qui sans doute consacra ici le cheval, ailleurs le bœuf et l'ichneumon, ailleurs encore l'olivier, le hêtre, le chêne. La faîne, plutôt que le gland traditionnel, pourrait bien avoir servi de nourriture aux premiers hommes, et, quant au chêne, il dut, selon quelques-uns, ses honneurs moins à sa beauté qu'à l'abondance de son fruit, véritable providence pour les porcs, qui sont le plus riche et le plus précieux bétail des époques primitives [1].

Cependant les sentiments de reconnaissance et de crainte n'expliquent pas suffisamment l'origine des religions inférieures. Bien des animaux ont été l'objet d'un culte, qui semblent n'avoir jamais été ni fort utiles ni fort nuisibles : la tortue, par exemple, si vénérée chez certaines peuplades de l'Amérique du Nord. D'autre part, on a quelque peine, dans cette théorie, à rendre compte de ces créations fantastiques devant lesquelles trembla si longtemps et tremble encore sur plusieurs points du globe l'homme qui n'a pas dépassé un certain degré de culture intellectuelle : serpents et taureaux ailés, animaux à tête humaine, dieux à têtes

____

1. Vauban disait que, « s'il avait à coloniser avec de faibles ressources une île déserte, il commencerait par y lâcher un troupeau de porcs. » (M. Ch. Toubin.)

d'animaux sur un corps humain. Sans doute, l'imagination fut pour beaucoup dans la production de ces monstres sacrés ; mais il reste à expliquer pourquoi elle s'est avisée de les produire. L'imagination ne travaille pas en l'air ; il lui faut un prétexte, un point de départ, des données positives, idées ou faits. Ce sont précisément ces idées qu'il s'agit ici de déterminer.

Quinet suppose que le souvenir, vaguement conservé à travers les âges, des animaux antérieurs au diluvium, a bien pu servir de base à ce travail de l'imagination. « Les faunes éteintes des grands mammifères perdus sifflent, hurlent, beuglent, rugissent, au fond des traditions grecques, dont ils forment la plus ancienne couche... L'homme a vécu avec quelques-uns des colosses organisés des premiers temps, et, d'âge en âge, il en a gardé un souvenir d'effroi, que l'éloignement a augmenté. Comme la terreur s'est ajoutée à la distance pour tout grossir et défigurer, ne vous étonnez pas si les monstres gigantesques de l'époque tertiaire sont devenus, de tradition en tradition, plus monstrueux que dans la réalité. Celui qui aura rencontré le premier ancêtre du chien, l'amphicyon, a cru lui voir trois têtes. Il en a fait

Cerbère, le chien de l'enfer, à la voix d'airain. Il aura donné des ailes aux hipparions et des pieds de serpent aux énormes ruminants et pachydermes cachés dans les hautes herbes primitives... On pourrait reconnaître les singes (mésopithèques) du Pentélique dans les satyres, les rhinocéros dans les licornes, l'antilope dans la chèvre Amalthée, les sirénoïdes dans les sirènes, le *felis spelæus* dans le lion de Némée, le mastodonte dans le minotaure, et toute la faune miocène dans les Gorgones, les Cyclopes, les Lestrigons, Borée, aux pieds de reptile, qui erre aux derniers confins du monde grec [1]. »

Le savant auteur de l'*Histoire primitive du genre humain*, M. Tylor, propose la même explication et croit retrouver, dans le mythe indien de la tortue sacrée qui porte la terre, la trace de l'impression profonde que dut faire sur l'esprit des premiers hommes la vue de la tortue gigantesque de l'Himalaya, *colossochelys atlas*, aujourd'hui fossile. Il se pourrait que cette ingénieuse hypothèse contînt une part de vérité; mais c'est à la condition que l'homme eût été contemporain de l'époque

____

1. *L'Esprit nouveau*, p. 167-169.

tertiaire, ce qui n'est pas encore complètement prouvé. En tout cas, l'explication ne vaudrait que pour quelques cas particuliers, et elle ne rendrait nullement compte de l'adoration des plantes et des astres. Nous préférons de beaucoup une théorie originale de M. Spencer, qui ramène tous ces cultes inférieurs à une forme plus élevée, plus spiritualiste, plus véritablement humaine de la religion, le culte des ancêtres.

Les beaux travaux de MM. Mac Lennan, Tylor, Lubbock ont jeté quelque lumière sur cette période de l'évolution religieuse de l'humanité qu'on appelle le *totémisme*. Le *totem*, d'origine américaine, désigne l'objet, ordinairement un animal, qui sert de divinité protectrice à toute une tribu. Le totémisme diffère du fétichisme proprement dit en ce que ce dernier déifie une chose particulière, individuelle, tandis que le totémisme attribue un caractère sacré à tous les individus d'une même espèce. Ainsi le nègre, qui prend un épi de maïs comme fétiche, estime beaucoup cet épi en particulier ; mais le maïs, comme espèce, lui importe peu. Le Peau-Rouge, au contraire, qui prend pour totem l'ours ou le loup, se sent en communication intime, sinon mystérieuse, avec l'espèce entière.

Tous les loups ou tous les ours lui deviennent in-
violables; il s'abstient de les poursuivre, de les
maltraiter, de les tuer. De plus, le totem donne
son nom à toute la tribu. On ne peut méconnaître
dans le totémisme un degré supérieur de généralisation, et par là une forme plus élevée du développement intellectuel.

Quelle est, selon M. Spencer, l'origine du totémisme ? Primitivement, les hommes furent désignés
par les noms de certains animaux ou de certains
objets auxquels leurs qualités physiques ou morales les faisaient ressembler. La même tendance
aux sobriquets expressifs se retrouve chez les enfants et les gens du peuple : preuve qu'elle dut
exister chez l'humanité naissante. L'homme rude
et grossier, on l'appellera l'*ours;* tel rusé compère
devient le *vieux renard;* tel autre, prudent, caute-
leux, taciturne, sera le *serpent.* Les sobriquets
peuvent être tirés des arbres et des plantes : celui-ci, dont les cheveux sont rouges, ses camarades ne lui donnent bientôt plus d'autre nom que
la *carotte;* celui-là, d'une force à défier tous les
assauts, n'est rien de moins qu'un *chêne.* Il est clair
que la plupart de ces surnoms, répondant à des
qualités toutes personnelles, durent changer d'une

génération à l'autre ; il put arriver néanmoins que les enfants d'un chef redoutable et puissant aient trouvé honneur ou profit à s'appeler comme lui. Son féroce courage l'avait fait surnommer le *loup ;* ses fils et ses petits-fils héritent de ce nom glorieux et du prestige qui s'y rattache ; plus tard, la famille devient tribu : c'est la tribu des *loups.* Il n'est pas même nécessaire, pour se transmettre, que le sobriquet soit honorifique : il peut être méprisant, et par l'usage passer de génération en génération aux descendants les plus éloignés de celui qui l'a seul mérité. Ainsi s'expliquent les désignations souvent bizarres que se donnent à elles-mêmes certaines tribus sauvages. On trouve, par exemple, dans les régions de l'Amazone les tribus des *Tortues,* des *Diables,* des *Canards,* des *Étoiles.*

Une des croyances les plus essentielles à l'humanité, c'est que quelque chose de l'homme survit à son corps, et qu'on peut, par prières, offrandes, sacrifices, se concilier cet esprit devenu plus puissant dans ses nouvelles conditions d'existence. D'un autre côté, le langage primitif est tout concret ; il ne contient guère que des mots qui désignent des êtres individuels et actuellement sensibles. On n'a

pas encore appris à détacher le nom de la chose
nommée, à le considérer à part : pour l'intelligence grossière du sauvage, ils s'impliquent l'un
l'autre indissolublement. À mesure donc que se
perd le souvenir de l'ancêtre qui a donné son nom
à la famille, puis à la peuplade, se manifeste une
tendance croissante à reporter vers l'animal qui
suggéra le sobriquet originel, le culte dont l'âme
du chef fut primitivement l'unique objet. Le *loup*,
guerrier puissant, vient de mourir; ses enfants,
qui l'ont connu, invoquent et adorent son esprit;
ils savent bien à qui s'adressent leurs hommages;
ses petits-enfants le savent encore; mais, dès la
troisième ou quatrième génération, la mémoire du
héros est abolie, le nom seul a survécu. L'habitude d'adorer le *loup* persiste : quel loup, sinon
l'animal fauve, hurlant, rapide, que chacun désigne par ce nom, le loup que les yeux voient, que
les oreilles entendent, dont troupeaux et pasteurs
ont souvent senti les morsures? Voilà comment
peu à peu le loup s'est substitué au grand chef oublié; c'est lui qui est l'ancêtre de la tribu, c'est lui
qu'on vénère comme tel, sa vie est sacrée; s'il est
tué par hasard, on lui en demande pardon, on fait
pour l'apaiser des prières et des offrandes, on lui

immole son meurtrier. Le loup est le totem, le dieu de la tribu.

Par là s'expliquent à la fois et la diversité presque infinie des dieux chez une même race, et l'universalité de certains cultes chez les races les plus différentes. On sait que dans l'ancienne Égypte le même animal, dont la vie était ici regardée comme inviolable, ailleurs était mis à mort sans le moindre scrupule : n'est-ce pas qu'antérieurement aux âges historiques chacune des tribus dont se forma le peuple égyptien avait son totem particulier qui devint plus tard une divinité locale ? Et, si l'adoration du serpent se retrouve sous presque toutes les latitudes, n'est-ce pas que, sans parler de la crainte qui fut pour beaucoup dans la naissance et le développement d'un pareil culte, la rapidité silencieuse avec laquelle cet animal fond sur sa victime sans défense fut une des qualités les plus appréciées des guerriers primitifs, qui tinrent à honneur de lui devoir leur surnom ?

La même théorie vaut pour tous les totems en général, qu'il s'agisse d'animaux ou de plantes, ou même d'objets inanimés. Le culte des astres, selon M. Spencer, n'a pas d'autre origine. De tout temps, les poètes ont prodigué à leurs maîtresses les noms de soleil et d'aurore. Shakespeare dit en parlant de Henri VIII et de François Ier : « Ces deux soleils de gloire, ces deux lumières des hommes, » et dans *Peines d'amour perdues* il appelle une princesse « une lune gracieuse ». Toutes ces associations d'idées furent primitivement beaucoup plus spontanées, énergiques, et par la pauvreté du langage le sens métaphorique s'effaça promptement. Qu'on se figure, au milieu des angoisses de la tribu en guerre avec ses voisins, le retour du chef vainqueur; pour toutes ces âmes courbées sous l'épouvante, sa face radieuse n'est-elle pas vraiment le soleil qui dissipe les nuages? Lui-même, il est le soleil, il n'a plus d'autre nom; ses descendants seront les fils du soleil, et, croyant honorer leur aïeul, inonderont de sang humain les autels de l'astre du jour dans le grand temple de Mexico.

Ces vues de M. Spencer semblent confirmées par certains témoignages des voyageurs. Ainsi, selon Spix et Martius, les Abipones pensent descendre des Pléiades, et quand, à certaines époques de l'année, cette constellation disparaît du ciel de l'Amérique du Sud, ils croient que leur grand-père est malade et ils craignent qu'il ne

meure ; mais, aussitôt que ces sept étoiles reparais-
sent au mois de mai, ils reçoivent leur grand-père
comme s'il sortait de convalescence, avec des cris
de joie et au son des trompettes, pour le féliciter
de son rétablissement [1]. De même, au témoignage
de Marsden, cité par M. Lubbock, les indigènes de
Sumatra semblent croire qu'ils descendent des
tigres et les appellent respectueusement : *les ancêtres* [2].

La théorie de M. Spencer a l'avantage de rendre
parfaitement compte du culte rendu partout, pendant les époques de civilisation primitive, à ces
monstres complexes, où les formes animales les
plus diverses se combinent, soit entre elles, soit
avec la forme humaine. Qu'un chef appelé le Loup
ait enlevé à une tribu voisine une femme connue
sous le nom d'un autre animal ; que la tradition
conserve le souvenir de la double origine de la
famille : les enfants seront issus du loup et d'un
autre animal ; puis l'imperfection déjà signalée du
langage accréditera peu à peu la croyance à un
ancêtre en qui les deux natures animales se sont
trouvées unies. Si la tribu grandit et devient une

1. Lubbock, p. 313.
2. Lubbock, p. 276.

nation, les représentations d'un tel monstre seront l'objet d'un culte. La femme peut avoir appartenu à une tribu qui n'avait pas de totem ; dans ce cas, le dieu-ancêtre sera figuré par les formes combinées de la femme et du loup. De là, chez les Égyptiens, le dieu à tête d'épervier et la déesse Patch, avec son corps de femme et sa tête de lion ; de là les divinités babyloniennes, l'une représentée par un homme ayant la queue d'un aigle, l'autre par un buste humain surmontant un corps de poisson. Ainsi s'expliquent encore les taureaux ailés à tête humaine des bas-reliefs de Ninive, les centaures, les satyres de la mythologie grecque.

Telle est dans ses traits essentiels l'ingénieuse théorie de M. Spencer [1]. Nous ne voudrions pas en prendre l'entière responsabilité [2] ; mais elle est

---

1. *Essays scientific, political and speculative*, t. III. — M. Spencer a repris cette théorie, mais sans la modifier essentiellement, dans ses *Principles of sociology*, t. I, part. I, ch. xx-xxiii.

2. Elle n'est pas en effet à l'abri des objections. Nous en trouvons deux, assez difficiles à réfuter, dans une lettre que M. A. Lang nous fit l'honneur de nous écrire quand cette étude eut paru dans la *Revue des Deux-Mondes*. « En premier lieu, dit M. Lang, M. Spencer suppose que les enfants d'un guerrier nommé le *Loup* ont pris de lui leur nom. Mais dans l'état social qu'on appelle Totémisme, et particulièrement dans la période la plus ancienne de cet état, le nom du clan est *toujours* emprunté à la mère (voy.

digne de toute attention. En dernière analyse, c'est dans la croyance à l'immortalité qu'elle place l'origine des cultes primitifs. Elle dérive d'une source élevée des superstitions dont l'absurdité paraît d'abord aussi invraisemblable qu'inexplicable, sans avoir besoin pour cela de faire des premiers hommes des métaphysiciens; mais, à son tour, cette croyance à l'âme immortelle, quelques formes

M. Lennan, Morgan, Giraud-Teulon). Il n'est donc pas, dès lors possible « que les enfants d'un chef redoutable aient trouvé honneur ou profit à s'appeler comme lui ». De plus, comme les sauvages ont l'habitude constante de donner des surnoms d'animaux, dérivés des qualités personnelles (par exemple, dans Cooper, un homme du Totem de la Tortue est appelé le Grand Serpent), il est bien peu probable qu'ils aient pu oublier la raison d'une telle pratique ; cela impliquerait de leur part une véritable décadence.

« Ne pensez-vous pas que Garcillasso de la Véga est plus près de l'origine réelle du Totémisme, quand il dit que les Indiens de l'Amérique du Sud, avant d'avoir découvert les faits qui constituent la parenté, distinguaient leurs hordes par quelque signe spécial, comme par exemple le soleil, le serpent, etc.? Il ajoute que la tribu la plus forte choisissait le totem le plus puissant. Et ainsi, le totem d'abord, plus tard le respect pour le totem, pourraient bien avoir été antérieurs à la famille régulière où M. Spencer lui fait prendre naissance. »

Nous ajouterons qu'une théorie fort analogue à celle de M. Spencer sur l'origine du culte primitif a été développée, il y a près de vingt ans, par M. A. Moreau de Jonnès dans son livre *Ethnogenie caucasienne*, et plus récemment dans un autre ouvrage du même auteur, les *Temps mythologiques*. Voy. également, sur le culte des plantes, *La Mythologie des Plantes*, par M. de Gubernatis (tr. franç., Reinwald et Cie, 1878).

grossières qu'elle revête au début, ne suppose-t-elle pas déjà, à un certain degré de pureté et d'énergie, le sentiment religieux ? Qu'est-ce au fond que cette aspiration, vieille comme l'humanité même, vers un avenir meilleur, sinon l'instinct obscur d'un bonheur, d'une perfection qui ne sont pas de ce monde, d'un idéal enfin, dont l'attraction divine sollicite l'âme humaine par le tourment du mieux et la soulève au-dessus d'elle-même ? Et si tout effet positif implique une cause positive, comment cette cause ne serait-elle pas ici l'idée même du parfait, imprimée, pourrait-on dire, au plus profond de l'homme et produisant, dès les premiers jours d'existence de notre espèce, dans la sensibilité comme dans l'intelligence, tout un ordre de phénomènes auxquels la nature morale de l'animal reste éternellement étrangère?

III

Les premiers hommes, avons-nous dit, ne furent pas des métaphysiciens, et c'est surtout par la conscience douloureuse de leur propre faiblesse, par le pressentiment d'une destinée meilleure, que le sentiment religieux s'éveilla tout d'abord dans leurs âmes. Nous devons croire cependant que, dès l'origine, la réflexion fut pour quelque chose dans cette évolution. Il est impossible que le spectacle de l'univers n'ait pas raconté à l'intelligence humaine, si grossière qu'on la veuille supposer, l'intelligence créatrice, la cause suprême de tous les êtres. Le principe qu'on appelle dans l'école *principe de causalité*, et qui est l'essence même de la raison, dut solliciter de bonne heure la réflexion et lui faire entrevoir l'existence d'un Dieu unique et tout-puissant. J'en trouve une preuve assez frappante dans le témoignagne du missionnaire Crantz, qui rapporte ce raisonnement d'un Esquimau : « Un *kadjak* (canot) ne s'est pas fait tout seul ; il a fallu, pour le construire, du travail et de l'adresse ; mais un oiseau est construit bien plus adroitement encore, car un homme ne peut pas faire un oiseau. On dira que cet oiseau est né de parents, et ceux-ci d'autres parents, et ainsi de suite ; mais il est nécessaire qu'il y ait eu à l'origine des premiers parents. D'où venaient-ils ? Certainement un être doit exister capable de les faire, eux et toutes choses ; il est beaucoup plus puissant et savant que le plus sava n homme [1]. » Je soupçonne que le missionnaire a revu et corrigé le raisonnement de son sauvage ; il a dû lui donner, au moins dans la forme, une rigueur et une précision dont l'Esquimau, si intelligent qu'on le suppose, eût été difficilement capable ; mais d'ailleurs je ne vois aucun motif de révoquer en doute le témoignage de Crantz. Cette induction s'impose irrésistiblement à l'esprit humain, et tout porte à croire qu'elle fut le produit naturel et spontané de la réflexion naissante.

Il s'ensuivrait qu'à l'origine l'humanité fut monothéiste, et que le polythéisme n'est qu'une forme ultérieure et dégénérée de la religion primitive. Cette opinion, toute paradoxale qu'elle peut sembler aux disciples d'Auguste Comte, est confirmée par l'étude attentive des plus anciens monuments du sentiment religieux. De récentes découvertes ont donné la certitude que sous les superstitions populaires de l'antique Égypte se cachait la croyance à une intelligence unique et souveraine, ordonnatrice de l'univers, juge des humains dans l'autre vie. Le duc d'Argyll et M. Fergusson font observer avec raison que la religion dés premiers

1. Cité par Prichard, *The natural history of man*, t. I, p. 504.

Aryas fut de tout point très-supérieure au brahmanisme et au polythéisme grec, qui en sont issus. Une inspiration monothéiste, remarquablement pure et élevée, circule à travers les Védas; Sôma, Agni, Indra, Varouna, ne sont, pour les vieux chantres aryas, que les manifestations diverses d'un principe unique, et ce dieu souverain, inaccessible dans son essence, sans nom comme sans bornes, est le père de tout ce qui est, de la terre et des cieux, des dieux et des hommes. Écoutons ce cantique admirable, l'un des plus beaux qui aient jailli de l'âme humaine pour glorifier son Créateur :

« Au commencement s'est élevé l'enfant resplendissant comme l'or; il était le seul seigneur né de tout ce qui existe. Il a affermi la terre et le ciel. Qui est le Dieu à qui nous offrirons notre sacrifice?

« Celui qui donne la vie, celui qui donne la force, celui dont tous les dieux brillants révèrent le commandement, dont l'ombre est l'immortalité, dont l'ombre est la mort. Qui est le Dieu à qui nous offrirons notre sacrifice?

« Celui qui, par sa puissance, est le seul roi du monde, qui respire et s'éveille; celui qui gouverne tout, les hommes et les bêtes. Qui est le Dieu à qui nous offrirons notre sacrifice?

« Celui dont les montagnes neigeuses, dont la mer, ainsi que la rivière éloignée, proclament la grandeur; celui à qui appartiennent ces régions, comme si c'étaient ses deux bras. Qui est le Dieu à qui nous offrirons notre sacrifice?

« Celui par qui le ciel est rendu brillant et la terre solide; celui par qui le ciel, le plus haut des cieux, a été affermi; celui qui a mesuré la lumière dans l'air. Qui est le Dieu à qui nous offrirons notre sacrifice?

« Celui que le ciel et la terre, consolidés par sa volonté, révèrent en tremblant intérieurement; celui sur qui luit le soleil levant. Qui est le Dieu à qui nous offrirons notre sacrifice?

« De l'endroit où sont allées les grandes nuées qui contiennent la pluie, où elles ont déposé la semence et allumé le feu, de là s'est élevé celui qui est la seule vie des dieux brillants. Qui est le Dieu à qui nous offrirons notre sacrifice?

« Celui qui, par sa puissance, a regardé par-dessus les nuées chargées de pluies,... celui qui est Dieu au-dessus de tous les dieux. Qui est le Dieu à qui nous offrirons notre sacrifice?

« Puisse-t-il ne pas nous détruire, lui le créateur de la terre, ou lui, le juste, qui a créé le ciel; il a aussi créé les éclatantes et puissantes eaux. Qui est le Dieu à qui nous offrirons notre sacrifice [1]?. »

Nous pourrions multiplier les citations; mais, en poursuivant au delà de l'état primitif l'étude de l'idée religieuse, nous sortirions du cadre que nous nous sommes tracé. Qu'il reste établi que la raison concourt avec le sentiment pour donner naissance aux premiers cultes; les formes grossières que ceux-ci affectent quelquefois sont des masques trompeurs sous lesquels se dissimulent une aspiration sublime vers un idéal de perfection qui n'est pas de ce monde, et l'impérieux besoin de concevoir une première cause à tout ce qui est. Ce sont là les deux fondements de la croyance en Dieu; ils sont contemporains de l'humanité même.

Sont-ils vraiment indestructibles, et tous les efforts de la critique viendront-ils éternellement s'y briser? Il semble que depuis quelque temps une campagne décisive soit commencée contre les vieilles et vénérables traditions religieuses de

----

1. Cité par Max Muller, *Essais sur la Religion*, p. 39-41.

notre espèce. Les preuves d'un Dieu personnel, créateur et providence de l'univers, sont violemment battues en brèche. L'optimisme philosophique qui, de l'arrangement harmonieux du monde, croit pouvoir conclure à une cause infiniment sage et bonne, provoquait, il n'y a pas longtemps, de la part de Stuart Mill, une réfutation où l'on retrouve quelque chose de l'éloquence irritée de Lucrèce. Le principe des causes finales rencontre de rudes adversaires dans le matérialisme et la doctrine de l'évolution ; l'idée même de l'absolu, chassée de la science par le positivisme, traduite devant le tribunal d'une critique sans merci, est déclarée inintelligible, contradictoire, indigne d'habiter plus longtemps l'esprit humain. Nous croyons, quant à nous, que, pour être vieux, les arguments de la théodicée traditionnelle n'en sont pas plus mauvais, et qu'il ne s'agit que de les entendre ; mais nous croyons aussi que le raisonnement ne se suffit pas à lui-même, et qu'il doit se retremper, se fortifier à ces sources vives du sentiment d'où, pour la première fois, dans l'âme humaine jaillit l'idée religieuse. Est-il donc vrai que nous n'ayons plus conscience d'être imparfaits et misérables ? Est-il donc vrai que la science soit à la veille de réaliser sur terre une félicité qui rende le ciel inutile ? Est-il vrai enfin que l'homme n'aspire pas invinciblement au delà de tout ce que la réalité peut fournir ici-bas, et que, à mesure qu'il accroît la somme de son bien-être en diminuant celle de ses efforts, il ne sente pas grandir et multiplier ses besoins ? Toute la question est là, et, sans aller jusqu'au pessimisme de Schopenhauer et de Hartmann, nous estimons comme eux que, en dépit de toutes les promesses de la civilisation, l'homme souffrira toujours, d'autant plus vulnérable que son bonheur offrira plus de surface à des maux indestructibles, d'autant moins satisfait qu'en versant dans son âme plus de jouissances il aura acquis la certitude qu'elles sont impuissantes à la combler. Contemporaine de la douleur, la religion durera autant qu'elle ; pour cesser de croire en Dieu, il faudrait que l'homme eût cessé d'être homme, et lui-même fût devenu Dieu.

CINQUIÈME ÉTUDE

I

D'après un éminent naturaliste, M. de Quatrefages, les deux caractères qui distinguent essentiellement l'homme de la bête sont la moralité et
la religiosité. Nous avons vu dans la précédente
étude comment l'évolutionisme prétend expliquer
l'origine des sentiments ou notions qui constituent
primitivement la religiosité; l'origine de la moralité doit être maintenant l'objet d'une enquête
analogue.

On ne saurait contester à l'homme la faculté de
discerner le bien du mal. Il approuve certains
actes, qu'il en soit l'auteur ou le témoin; il en
blâme certains autres; ou, pour parler plus rigou-

reusement, il juge que les motifs qui le font agir lui-même sont tantôt bons, tantôt indifférents ou mauvais, et, quand il s'agit d'autrui, les actes, que seuls il peut directement connaître, sont pour lui les signes extérieurs de motifs semblables à ceux dont la conscience lui révèle au dedans de lui-même l'existence et les caractères. Cette faculté qui apprécie les motifs des actes libres, flétrit les uns, glorifie les autres, c'est ce qu'on appelle le *sens moral*.

Jusqu'ici tous les moralistes sont d'accord; mais, sur l'origine de cette faculté, ils diffèrent profondément. A toutes les époques de l'histoire de la philosophie, deux écoles antagonistes se sont trouvées en présence. L'une, celle des moralistes *intuitionistes*, prétend que le sens moral est une faculté primitive irréductible, innée; que, par l'institution du Créateur, ses jugements ont une évidence immédiate, qu'ils sont immuables, absolus, sans appel, qu'ils sont, à travers les sophismes de l'intérêt et le tumulte des passions, l'écho plus ou moins affaibli de la voix de Dieu même dans l'âme humaine. — L'autre école, celle des partisans de la morale *inductive* ou *dérivée*, ne conteste pas l'autorité actuelle du sens moral; mais elle se re-

fuse à voir dans cette faculté je ne sais quel oracle
mystérieux et surnaturel; elle se propose de la
ramener à des éléments plus simples qu'elle croit
trouver dans les expériences d'utilité et les réflexions qu'elles ont à mesure suggérées à l'esprit
des hommes. Nous ne pouvons ici, même de la
manière la plus sommaire, indiquer les différentes
formes qu'a successivement revêtues la doctrine
utilitaire, et par quelles subtiles explications elle a
tenté de faire sortir, des tendances égoïstes de
notre nature, le désintéressement, caractère essentiel du seul motif qu'approuve le sens moral [1].
Tout ce que nous nous proposons dans cette étude,
c'est de montrer à quel point de vue nouveau
l'évolutionisme envisage ce grand problème ,
agité depuis l'aurore de la philosophie par tous les
théoriciens de la science des mœurs. Combler l'intervalle qui sépare l'homme de la bête en faisant
du sens moral un simple épanouissement des
facultés qui appartiennent à certaines espèces
d'animaux, voilà sans doute une des plus chères
ambitions de l'évolutionisme; vainqueur sur cette

1. Nous avons essayé d'accomplir cette tâche dans notre
ouvrage *la Morale utilitaire* (couronné par l'Académie des
sciences morales et politiques et par l'Académie française)'.
Paris, Didier, 1875.

question spéciale, il ne serait pas loin d'avoir gain de cause sur toute la ligne.

Quel est donc, selon Darwin, l'ordre de sentiments communs à l'animal et à l'homme, d'où ait pu dériver, par voie d'évolution, l'instinct supérieur et exclusivement humain de la moralité ? Ce sont les sentiments sociaux. Les individus de plusieurs espèces d'insectes, d'oiseaux, de mammifères vivent en troupes. Ce mode d'existence a dû nécessairement développer en eux des dispositions mentales corrélatives. Si faible que soit leur intelligence, elle leur représente sans cesse leurs compagnons comme conditions permanentes de leur propre vie; de là une sympathie, confuse encore, qui les porte à trouver quelque plaisir dans la société de leurs semblables et à se rendre de mutuels services. Ces sentiments et ces services ne s'étendent d'ailleurs nullement à tous les individus de l'espèce, mais seulement à ceux qui font partie de l'association. Supposons maintenant des capacités intellectuelles déjà plus hautes. Le cerveau de l'animal peut conserver pendant quelque temps le souvenir, ou, pour mieux dire, l'image de ses actions passées et des motifs qui les ont déterminées. Celles qu'il reconnaît conformes au sentiment de sympathie qui l'unit aux individus de la communauté lui causent ce genre de satisfaction qu'éprouve tout être quand il obéit à un instinct puissant et durable. A-t-il cédé à quelque impulsion contraire et temporairement plus violente, il en souffre, parce que l'instinct social, un moment vaincu, n'en a pas moins, par sa persistance même, une force plus grande que tout autre, chez l'animal vivant en société. — De là quelque chose qui ressemble au remords, et cette peine, plus ou moins vivement sentie, ne peut que fortifier encore l'instinct qui se venge par elle de la violence qu'on lui a faite.

Vienne maintenant le langage qui permette aux membres de l'association de s'exprimer mutuellement leurs désirs : une opinion commune se formera sur le mode suivant lequel chacun doit concourir au bien public, et deviendra peu à peu la règle principale de la conduite. Elle a pour sanction la louange et le blâme, l'estime et le mépris, dont la puissance est fondée sur la sympathie et qui contribuent pour une si large part au bonheur ou au malheur des individus formant le groupe social. Ajoutez enfin l'habitude, qui non-seulement fortifie les instincts sociaux, mais transforme

pour ainsi dire en mobiles instinctifs les prescriptions, même les plus arbitraires, de l'opinion
publique, — et vous aurez, suivant M. Darwin,
tous les éléments qui, par leur opération simultanée ou successive, expliquent la genèse dans
l'homme du sens moral.

Le sens moral a donc sa racine dans les sentiments sociaux; or ceux-ci ne sont pas le privilège
exclusif de notre espèce. La sociabilité, partout où
elle existe, implique déjà quelque moralité rudimentaire. Par suite, les conditions essentielles de
la moralité se retrouvent dans certaines parties au
moins du règne animal. Il est bien vrai, comme on
vient de le voir, que le langage joue un grand rôle
dans cette évolution qui des sentiments sociaux
fait sortir le sens moral; et, même au cas où l'analyse précédente serait exacte, la faculté du langage
pourrait toujours marquer une limite infranchissable entre l'homme et la bête; mais, devant ce
dernier obstacle, le transformisme ne s'avouera pas
vaincu; il essayera de surprendre aussi dans l'animalité les origines de la parole humaine et se
flattera dès lors d'avoir établi sa thèse tout entière.

II

Nous avons marqué, d'après M. Darwin, les différentes phases par où a dû passer l'évolution du sens moral depuis l'animalité jusqu'à l'homme; il reste à justifier ces considérations théoriques par le témoignage des faits.

On n'a pas à prouver que certaines espèces vivent en troupes; personne ne songe à le contester. Il est même remarquable que l'on trouve des espèces distinctes vivant ensemble, par exemple des bandes unies de corneilles et d'étourneaux. Mais, chez ces animaux, la sociabilité implique-t-elle une réelle sympathie? Il suffit pour s'en convaincre d'observer combien les chiens, les moutons, sont malheureux lorsqu'on les sépare de leurs compagnons et quelle joie ils manifestent quand on les réunit. Cette sympathie n'est pas inactive; elle se traduit par les services réciproques les plus variés. Ils s'avertissent mutuellement du danger, soit par leurs cris, soit par leur attitude, soit par tout autre signe. « Les lapins frappent fortement le sol de leurs pattes postérieures; les moutons et les chamois font de même, mais avec les pieds de devant, en lançant un coup de sifflet. Beaucoup d'oiseaux et quelques mammifères placent des sentinelles... Les animaux sociables se rendent une foule de petits services ; les chevaux se mordillent et les vaches se lèchent mutuellement sur les points où ils éprouvent quelque démangeaison ; les singes se cherchent les uns sur les autres les parasites extérieurs : et Brehm assure que, lorsqu'une bande de *cercopithecus grisæoviridis* a traversé une fougère épineuse, chaque singe s'étend à tour de rôle sur une branche et est aussitôt visité par un de ses camarades, qui examine avec soin sa fourrure et en extrait toutes les épines [1]. »

La sympathie chez les animaux sociables va parfois jusqu'à l'héroïsme. Les singes ont leurs Décius et leurs Coclès. Brehm a vu en Abyssinie un babouin tenir tête tout seul à une meute de chiens pour leur arracher un jeune de sa bande qu'ils allaient mettre en pièces. « Il y a quelques années, dit M. Darwin, un gardien des *Zoological Gardens* me montra quelques blessures profondes, à peine cicatrisées, que lui avait faites au cou un babouin

––––––

1. Darwin, *la Descendance de l'homme,* trad. franç., t. I, p. 80.

féroce, pendant qu'il était à côté de lui. Un petit singe américain, grand ami du gardien, vivait dans le même compartiment et avait une peur horrible du babouin. Néanmoins, dès qu'il vit le gardien en péril, il s'élança à son secours et tourmenta tellement le babouin, par ses morsures et par ses cris, que l'homme, après avoir couru de grands risques pour sa vie, put s'échapper [1]. » — D'autres faits, plus touchants peut-être, révèlent une sympathie qui ressemble à de la charité. On cite un pélican, vieux et complètement aveugle, qui depuis longtemps était nourri par ses compagnons. Le même cas a été observé sur des corbeaux indiens et sur un coq domestique. M. Darwin a vu un chien « qui ne passait jamais à côté d'un de ses grands amis, un chat malade dans un panier, sans le lécher en passant, le signe le plus certain d'un bon sentiment chez le chien [2] ».

Ainsi la sympathie, fille de la sociabilité, fait naître à son tour des actes conformes à l'intérêt de la communauté, et, si l'utilité générale est chez l'homme le critérium d'une conduite moralement bonne, comment ne pas attribuer déjà à l'animal

1. *Ibid.*, p. 84.
2. *Ibid.*, p. 83.

sociable un commencement de sens moral? On dira que l'animal, dans les exemples qui viennent d'être rapportés, ne fait qu'obéir en aveugle à un instinct irrésistible; qu'il n'y a pas chez lui cette lutte entre des impulsions contraires, ce choix délibéré d'un motif qui constituent vraiment la moralité des actes humains et le mérite de la vertu. Mais, répond M. Darwin, tout porte à penser que l'animal connaît ces combats intérieurs et que sa volonté est pour quelque chose dans le triomphe de l'instinct social sur d'autres plus manifestement égoïstes. Quand, pour sauver le gardien qu'il aime, le petit singe d'Amérique se jette sur le grand babouin dont il a si peur, croit-on qu'il n'ait pas quelque conscience du péril? Sans doute il sait qu'il risque sa vie; le sentiment de conservation personnelle proteste contre l'héroïque folie qu'il va tenter; il hésite; après une délibération, rapide comme l'éclair, il se décide; de quel droit lui dénier le mérite de son dévouement?

Le remords, dont on voudrait faire le triste privilège de notre espèce, l'animal le connaît aussi. Nous avons indiqué plus haut l'explication théorique qu'en donne M. Darwin. Les faits semblent la confirmer. On observe fréquemment chez les animaux des luttes entre différents instincts ou entre des instincts et des tendances habituelles. On verra, par exemple, une chienne, partagée entre l'amour pour ses petits et son affection pour son maître, se dérober pour aller vers les premiers, en ayant l'air honteux de ne pas accompagner le second. Cette honte ne serait-elle pas l'expression d'un regret qu'elle éprouve d'avoir obéi à un instinct, actuellement plus fort qu'une habitude depuis longtemps acquise et dont l'influence est constante? Quand vient le moment d'émigrer, rien ne peut retenir les oiseaux voyageurs, et il n'est pas rare, en automne, que les hirondelles et les martinets abandonnent leurs jeunes dans les nids. Supposez chez ces animaux un certain degré de puissance mentale : quels remords n'éprouveraient-ils pas en voyant plus tard incessamment repasser dans leur esprit l'image des infortunés qu'ils ont laissés là-bas, dans les brouillards du Nord, périr lentement de froid, de misère et de faim?

III

Si la sociabilité est, comme le prétend M. Darwin, la condition d'une sorte de moralité rudimentaire chez l'animal, on peut se demander quelle est l'origine de la sociabilité elle-même. Les principes généraux de l'évolutionisme fournissent une réponse facile à cette question. L'instinct social n'est probablement qu'une extension des sentiments domestiques. Chez certaines espèces, les jeunes, au lieu de se séparer de leurs parents après la période de l'enfance, seront accidentellement demeurés auprès d'eux; puis, au bout de quelques générations, la famille aura donné naissance à une tribu. Dans la lutte pour l'existence, l'avantage est évidemment pour ces groupes où les forces et les ressources de chacun sont mises au service de la communauté; ils auront bientôt supplanté les individus isolés; l'habitude de vivre en commun, transmise aux survivants par voie héréditaire, est peu à peu devenue partie intégrante de la constitution mentale de l'espèce; elle s'est comme imprimée dans l'organisme; elle s'est transformée en instinct.

La même explication vaut pour l'origine et le développement des affections domestiques, source de la sociabilité. — Mais il est manifeste que l'évolutionisme vient se briser ici contre une difficulté. Qu'il s'agisse des sentiments de famille ou de l'instinct social, la sélection naturelle et l'hérédité suffisent à peu près à rendre compte de leurs développements; c'est l'origine première qui, en dépit de tous les efforts de la théorie, reste toujours un mystère. Comme on nie toute disposition providentielle, que, d'autre part, il est malaisé d'attribuer, soit au concours des forces aveugles de la matière, soit à la volonté réfléchie de l'animal, la formation d'une habitude qui deviendra plus tard un instinct, il faut bien, pour sortir d'embarras, avoir recours à l'hypothèse commode et arbitraire des *variations accidentelles*, — expression qui, dans le système transformiste, déguise mal l'absence de cause suffisante, ou le hasard. Si dans la totalité des mâles et des femelles qui primitivement, une fois l'appétit sexuel satisfait, redevenaient étrangers l'un à l'autre, ou délaissaient leurs petits après leur avoir donné l'être, quelques individus s'avisèrent de prolonger leur union et de former une famille durable, — certes ce fut pour eux et leur postérité une chance heureuse dans la lutte pour la vie; et l'on comprend qu'à la longue leur descendance seule ait survécu. — Mais cette inspiration de génie, d'où leur a-t-elle pu venir? A moins de leur supposer une intuition vraiment miraculeuse des

principes darwiniens et de l'importance de la sélection naturelle, force est d'admettre qu'ils ont
agi sans motif, sans impulsion préexistante, — car
une telle impulsion serait déjà l'instinct même dont
il s'agit d'expliquer l'origine ; — ce qui revient à
dire qu'un évènement purement fortuit est ici le
point de départ de toute l'évolution ultérieure. Or
une philosophie qui attribue au hasard un tel rôle
se dénonce elle-même comme incapable de fournir
une explication scientifique.

IV

Que les conditions de la moralité dans l'homme
soient essentiellement les mêmes que chez les
animaux sociables, c'est ce qu'établissent, selon
M. Darwin, les inductions les plus légitimes et les
faits les mieux constatés.

L'homme est un animal sociable ; il recherche
naturellement la compagnie de ses semblables ou
de quelques-uns d'entre eux. Un état d'isolement
absolu qui aurait précédé l'institution de la famille
est la plus chimérique des hypothèses. Il est même
fort improbable que les familles aient été dans

l'origine complètement étrangères les unes aux
autres; on trouve bien aujourd'hui, dans certains
pays sauvages, des familles errant seules ou par
petits groupes de deux ou trois; mais, dit M. Darwin, « elles conservent toujours des rapports
d'amitié avec d'autres familles habitant la même
région. Ces familles se rassemblent quelquefois en
conseil et s'unissent pour la défense commune. »
Si la famille est contemporaine de l'humanité, la
tribu, à son tour, semble avoir été contemporaine
de la famille.

Tout porte à croire que cet instinct de sociabilité
est chez l'homme un héritage de ses ancêtres si-
miens. Il doit aussi tenir d'eux une certaine sympathie, quelque tendance à la fidélité envers ses
semblables, peut-être quelque aptitude au commandement de soi-même et quelque sentiment
d'obéissance envers le chef de la communauté.
Nulle société, si rudimentaire qu'on la suppose,
ne pourrait subsister en dehors de ces conditions. Ajoutez-y, comme conséquence à peu près
indispensable, une tendance héréditaire à défendre
ses semblables, avec le concours des autres, à les
aider, pourvu que cela ne soit pas trop contraire
à son propre bien-être ou à ses désirs, et vous

aurez tous les éléments moraux transmis à l'homme directement par les singes anthropoïdes dont il est descendu.

Cette sympathie instinctive qui pousse les hommes à se porter mutuellement secours ne les détermine pas à quelque action spéciale comme il arrive chez les animaux sociables qui occupent le bas de l'échelle : c'est une disposition générale, dont les manifestations varient suivant les circonstances. Grâce à ses facultés intellectuelles plus élevées, l'homme n'a pas besoin que la nature lui dicte de quelle manière il doit aider ses semblables : la raison et l'expérience lui servent ici de guide.

Nous avons vu quelle est, selon M. Darwin, l'importance du langage pour le développement des sentiments sociaux et, par suite, du sens moral, dans l'espèce humaine. Si l'on considère maintenant que les sentiments d'amitié et de sympathie, l'empire sur soi-même, se fortifient par l'habitude; que la puissance, à mesure plus grande, du raisonnement, permet à chacun d'apprécier plus sainement la justice des jugements de ses semblables, on comprendra, dit M. Darwin, « que l'homme se sente poussé, indépendamment du plaisir ou de la peine qu'il en éprouve dans le moment, à adopter certaines règles de conduite. Il peut dire alors : Je suis le juge suprême de ma conduite, et, pour employer l'expression de Kant, je ne veux point violer dans ma personne la dignité de l'humanité. »

Le remords s'explique chez l'homme de la même manière que chez les animaux. Pourquoi cet amer regret d'avoir cédé au sentiment de la conservation plutôt qu'à la sympathie qui nous pousse à risquer notre vie pour sauver celle de nos semblables? D'où vient que nous nous croyons obligés de sacrifier tel désir instinctif à tel autre, et que nous sommes mécontents de nous-mêmes si nous agissons autrement? — C'est, répond M. Darwin, qu'en vertu de ses capacités intellectuelles supérieures, l'homme se représente incessamment les motifs de ses actions passées. A-t-il obéi à quelque désir égoïste, temporairement plus fort que l'instinct social, la faim, par exemple, ou l'amour de la vengeance, ce désir, une fois satisfait, a perdu la plus grande partie de sa puissance; c'est ainsi qu'un homme rassasié a peine à s'imaginer combien sont terribles les aiguillons de la faim. Mais la sympathie, un moment vaincue, a conservé la vivacité durable, toujours égale à elle-même, qu'elle doit tant aux nécessités et aux habitudes de la vie en commun qu'à une accumulation héréditaire prolongée pendant d'innombrables générations. L'homme se représente donc l'action qui eût été conforme à ses instincts sociaux ; il la compare à celle, toute contraire, que lui ont inspirée ses tendances égoïstes, si énergiques tout à l'heure, maintenant si languissantes ; il ne peut que s'apercevoir que la violence passagère de celle-ci s'évanouit, dès qu'on a succombé, devant la force permanente de ceux-là. Il juge, par suite, que c'est en définitive l'instinct le plus faible qui a triomphé. De là une souffrance ; car tout instinct profond, quand il est contrarié, engendre un sentiment de malaise d'une nature spéciale. Cette souffrance, ici, c'est le remords.

Il peut arriver que chez quelques hommes la sympathie soit d'une faiblesse exceptionnelle, et que, après avoir accompli un acte contraire au bien d'autrui, la tendance égoïste qui les y a poussés leur paraisse encore aussi forte ou plus forte que l'instinct social. Ceux-là sont incapables de remords ; mais ils ont ordinairement conscience que, si leur conduite était connue de leurs semblables, elle serait désapprouvée par eux ; et il est bien rare que la sympathie fasse assez complètement défaut

pour qu'une pareille pensée ne cause pas un sentiment pénible. Néanmoins le cas n'est pas sans
exemple. Il est des hommes qui sont poussés au mal
par des instincts plus puissants que tous les sentiments altruistes, sur qui la réprobation publique
n'a point de prise et que la crainte seule de la pu-
nition peut arrêter. Monstres au moral, comme d'autres le sont au physique, entraînés vers le crime
par la fatalité de leur nature incomplète, ils ne
sauraient être déclarés véritablement responsables
de ce qu'ils font, bien que la loi ait encore le droit
de les frapper au nom de la sécurité générale. De
nombreuses observations ont en effet constaté que
la conscience est entièrement absente chez les plus
grands coupables.

M. Darwin adopte ici une théorie développée
avec talent par M. Despine dans son important ouvrage *la Phychologie naturelle et morbide*, et plus
récemment dans son livre *la Folie au point de
vue psychologique*. Cette théorie, nous n'avons pas
à la discuter ici [1]; contentons-nous de dire qu'elle
paraît être une conséquence assez rigoureuse des

1. Voy., dans la *Revue des Deux Mondes*, nos deux articles
sur la *Folie au point de vue psychologique*, numéros du
15 novembre 1876 et du 15 octobre 1877.

principes posés plus haut. Si la moralité n'est autre
chose dans l'homme que le résultat d'un conflit
entre des instincts antagonistes transmis par hérédité, il est clair que l'individu n'est pas responsable
de l'énergie ou de la faiblesse originelle de ces instincts; l'un d'eux, celui de la sympathie, fait-il défaut, il incline fatalement vers le mal, et la force
de l'impulsion qui l'entraîne se mesure à celle des
désirs égoïstes que la sympathie n'est pas là pour
combattre. La liberté, la raison n'ont que faire ici;
tout se réduit à un problème de mécanique.

V

La théorie darwinienne sur l'origine du sens
moral prétend trouver une vérification expérimentale dans l'histoire du progrès humain. Tout ce
que nous pouvons conjecturer des époques primitives, tout ce que nous savons des sauvages, nous
montre que les vertus sociales sont seules estimées
dans le principe. Aucune tribu ne pourrait évidemment subsister si l'assassinat, la trahison, le vol, etc.,
y étaient habituels; aussi ces crimes sont-ils flétris,
mais seulement s'ils sont commis contre les mem-

bres de la tribu : à l'égard de l'étranger, ils n'excitent plus les mêmes sentiments.

« Un Indien de l'Amérique du Nord est content de lui-même et considéré par les autres lorsqu'il a scalpé un Indien d'une autre tribu ; un Dayak coupe la tête d'une personne innocente et la sèche pour s'en faire un trophée... On raconte qu'un Thug indien regrettait de n'avoir pas pu étrangler et voler autant de voyageurs que son père l'avait fait avant lui. Dans un état grossier de civilisation, voler les étrangers est même ordinairement considéré comme un acte honorable. La plupart des sauvages se montrent totalement indifférents aux souffrances des étrangers et même se plaisent à en être témoins. On sait que, chez les Indiens du Nord de l'Amérique, les femmes et les enfants aident à torturer les ennemis. Quelques sauvages prennent plaisir à pratiquer d'atroces cruautés sur les animaux, et l'humanité est pour eux une vertu inconnue. Néanmoins les sentiments de sympathie et de bienveillance sont communs, surtout pendant la maladie, entre membres de la même tribu [1]. » — Enfin, même dans un état avancé de civilisation, on considère

---

1. Voy. Lubbock, *les Origines de la civilisation,* p. 387.

rarement comme un crime de mentir à son ennemi, « comme le prouve trop clairement, observe
M. Darwin, l'histoire de la diplomatie moderne[1]. »

L'intérêt de la tribu, voilà donc, pour le sauvage,
le seul critérium, plus ou moins vaguement conçu,
de la moralité ; le sentiment social, la sympathie
n'ont pas encore dépassé les limites étroites d'un
petit groupe. Et par cela qu'il est petit, entouré de
toutes parts d'hostilités implacables, chacun de ses
membres doit être prêt à tout sacrifier pour le
salut des autres. La conscience de cette nécessité
est devenue un instinct ; car, dans la lutte pour
l'existence, celles-là seules ont survécu, parmi les
communautés primitives, chez qui s'était développé
à un haut degré le sentiment de la solidarité commune. On s'explique ainsi que, même dans le sein
de la tribu, certains crimes qui nous font horreur
n'excitent aucune réprobation et soient même
encouragés par l'opinion publique. Qui ne sait, par
exemple, combien est fréquente chez les sauvages
la pratique de l'infanticide, surtout à l'égard des
filles ? C'est qu'il importe, au milieu des privations
et des périls de toutes sortes qui assiègent la vie

1. P. 101-103.

de ces malheureuses peuplades, de n'avoir pas trop
de bouches inutiles à nourrir. Les garçons servent
de bonne heure à la pêche, à la chasse, à la guerre :
on pourra les conserver ; les filles, qui ne servent
d'abord qu'à manger, on les sacrifiera[1]. Pour la
même raison, on immole ou on enterre tout vivants
les parents vieux et infirmes. — De même, on voit
certains animaux chasser leur compagnon blessé,
ou le persécuter jusqu'à la mort, dans la crainte,
sans doute, que les bêtes féroces, l'homme compris,
ne soient tentées de suivre la troupe.

Les vertus privées, dont l'utilité sociale n'est pas
évidente pour des esprits encore peu réfléchis, ne
furent dans le principe l'objet d'aucune estime. La
preuve qu'en donne M. Darwin, c'est que la chasteté est à peu près inconnue chez les sauvages[2].
Le courage au contraire est fort en honneur, parce

---

1. A Taïti, s'il faut en croire les missionnaires, « deux
tiers au moins des enfants étaient assassinés par leurs
parents. » M. Ellis ajoute : « Je ne me rappelle pas avoir
vu, pendant tout mon séjour dans ces îles, une seule femme
qui, alors que régnait encore l'idolâtrie, n'ait pas plongé
ses mains dans le sang d'un de ses enfants au moins. »
M. Nott confirme la vérité de cette assertion. Ils tuaient
les filles plus souvent que les garçons, parce qu'elles ren-
daient moins de services à la pêche et à la guerre. (Lubbock, *Orig. de la civilis.*, trad. franç., p. 387-388.)

2. Lubbock, p. 385-386. Voy. aussi M. Lennan, cité par
Darwin.

que, dans les conditions primitives de l'existence humaine, celui que n'épouvante aucun danger, qu'aucune torture ne fait pâlir, peut rendre les plus grands services à la tribu.

A mesure que le niveau de l'intelligence s'élève au sein de l'humanité et que les petites peuplades se réunissent en groupes plus considérables, chacun sent qu'il doit étendre ses instincts sociaux et sa sympathie à tous les membres de la nation à laquelle il appartient. De là le patriotisme, sentiment qui, dans l'antiquité classique, fut si longtemps inséparable de la haine pour l'étranger. Un pas encore, et le genre humain tout entier n'apparaît plus que comme une vaste cité, gouvernée par les mêmes lois et dont tous les citoyens se doivent un mutuel amour. Ce progrès, les stoïciens l'accomplirent; ils furent puissamment aidés par la conquête romaine, qui, renversant les vieilles barrières entre les peuples, fit passer dans les faits l'utopie d'une même patrie, commune à tous les hommes [1]. Arrivé là, l'homme comprend que les animaux mêmes, capables comme lui de jouissance

1. M. Alf. Barratt (*Physical Ethics*, p. 80 et suiv.) semble attribuer à la formation de l'empire romain la naissance des idées stoïciennes relativement à la communauté de nature de tous les hommes et à la fraternité universelle. —

et de souffrance, ont droit à sa compassion, et que, selon la belle expression de Bentham, la chaîne d'or de la sympathie doit enserrer toute la nature vivante. C'est la dernière des acquisitions morales. Un tel sentiment est entièrement inconnu des sauvages, sauf pour leurs animaux favoris. Il n'était pas moins étranger aux anciens Romains, comme le prouvent les abominables tueries du cirque. Les stoïciens semblent en avoir eu quelque conscience; les premiers anachorètes le popularisèrent [1] au sein du christianisme naissant; l'école utilitaire de Bentham lui a donné une place importante parmi les conditions de la vertu, et la philosophie transformiste, en proclamant l'origine animale de l'homme, doit contribuer encore à son développement.

Mais, si l'intérêt social a été primitivement la mesure et le critérium de la moralité, pourquoi les intuitions du sens moral nous semblent-elles aujourd'hui si complètement indépendantes de toute expérience d'utilité, soit générale, soit particulière? On connaît la réponse de M. Herbert

Il y a là, croyons-nous, une interversion complète de l'ordre historique.

1. Voy. Lecky, *History of Europæan Morals from Augustus to Charlemagne*, t. II, p. 178, sq.

Spencer à cette question. « Les intuitions morales, écrivait-il à Stuart Mill, sont le résultat des expériences accumulées d'utilité ; organisées par degrés, passant de génération en génération, elles sont devenues indépendantes de l'expérience consciente. De même que je crois que l'intuition de l'espace, possédée par tout individu vivant, est le résultat des expériences organisées et consolidées de tous les individus antérieurs, qui lui ont légué leur organisation nerveuse lentement développée ; — de même que je crois que cette intuition, qui n'a plus besoin que de l'expérience personnelle pour devenir définie et complète, est devenue pratiquement une forme de la pensée, qui semble tout à fait indépendante de l'expérience, — de même aussi je crois que les expériences d'utilité, organisées et consolidées par les nombreuses générations passées de l'espèce humaine, ont produit des modifications nerveuses correspondantes, lesquelles, par une transmission et une accumulation continuelles, ont développé en nous certaines facultés d'intuition morale, certaines émotions répondant au bien et au mal, qui n'ont aucune base apparente dans les expériences individuelles. »

Ainsi les jugements moraux ne furent primitive-

ment que des jugements relatifs à l'utilité de
certains actes ; ceux qui furent reconnus utiles
devinrent objets d'approbation, ceux dont l'expérience constata les effets nuisibles devinrent objet
de blâme. Par suite, des associations s'établirent
dans l'esprit des premiers hommes entre les idées
de ces actes et les sentiments qu'ils provoquaient ;
par la répétition constante des mêmes observations,
elles devinrent à la longue indissolubles et s'im-
primèrent en traits de plus en plus profonds dans
le cerveau. Transmises par hérédité sous forme de
modifications organiques, elles ont fini par revêtir
tous les caractères d'un instinct. Le souvenir des
expériences d'utilité qui leur avait donné naissance
s'est peu à peu perdu ; seule la réflexion philosophique peut aujourd'hui en retrouver la trace et
en signaler le rôle oublié.

VI

Nous avons cru devoir exposer avec quelque
détail cette théorie ingénieuse et nouvelle sur
l'origine du sens moral. Il nous reste maintenant à
l'apprécier. Nous ne discuterons pas les inductions

de M. Darwin relativement à la moralité des animaux; nous en aurons suffisamment montré le peu de valeur, si nous établissons que chez l'homme le sens moral ne peut dériver du sentiment social et de la sympathie.

Le point essentiel de la théorie darwinienne, c'est que la sociabilité est un instinct héréditaire qui, par sa permanence même, acquiert une force durable et, somme toute, supérieure à celle des impulsions égoïstes qui peuvent accidentellement et passagèrement en triompher. — Rien ne nous paraît moins d'accord avec la réalité des faits.

Que l'homme soit un être naturellement sociable, on ne le nie pas; mais tout porte à croire que, dans le principe, l'instinct de sociabilité fut très-faible, et que les tendances égoïstes furent très-énergiques. Au milieu des périls de toutes sortes qui assiégeaient sa vie, ayant à lutter à la fois contre les forces encore indomptées de la nature, que son ignorance lui faisait plus terribles, les assauts des bêtes féroces, ceux de ses semblables, plus redoutables que les plus grands carnassiers, l'homme primitif ne dut son salut qu'à une prodigieuse intensité du sentiment de conservation personnelle, à une intelligence toujours en éveil pour éviter des embûches toujours renaissantes, à une activité aussi infatigable qu'ingénieuse pour se procurer des aliments, des armes, un abri. Je ne me figure pas que dans de telles conditions il fût prêt à abandonner à ses semblables si peu que ce fût de ses moyens de subsistance ou de son grossier bien-être : un égoïsme inconscient, mais implacable, et somme toute nécessaire, était le mobile suprême de sa conduite. J'admets que cet égoïsme cédait assez souvent aux impulsions plus puissantes de l'amour paternel ou maternel ; mais on peut difficilement supposer au delà. Je doute que la peuplade ait existé à l'origine : la sociabilité, étouffée par les âpres exigences de la concurrence vitale, sommeillait sans doute encore au plus profond du cœur de l'homme ; seule la famille et l'expression des sentiments qu'elle comporte furent contemporaines de l'humanité.

Les sauvages mêmes, qu'il est aujourd'hui de mode d'invoquer à tout propos, semblent nous en fournir la preuve. « Chez les Cafres, dit M. Casalis, qui a vécu pendant vingt-trois ans dans l'Afrique méridionale, toute désorganisation politique a pour résultat immédiat un état de licence que le rétablissement de l'ordre peut seul faire cesser. »

— Selon les frères Lander, à Jenna (Afrique centrale) et dans les autres districts environnants, « dès qu'une ville se trouve privée de son chef, les habitants ne reconnaissent aucune loi; l'anarchie, la confusion, les querelles commencent immédiatement, et tout travail cesse, jusqu'à ce qu'on ait choisi un nouveau chef. Les plus forts oppriment les plus faibles et commettent toutes sortes de crimes sans qu'on puisse les citer devant un tribunal pour répondre de leurs actes. On ne respecte plus les propriétés, et il arrive souvent qu'avant la fin de ces désordres une ville jusque-là florissante et heureuse se trouve réduite à toutes les horreurs de la désolation [1]. »

Ce sont là, sans doute, des cas extrêmes; mais ils permettent, croyons-nous, de conjecturer assez bien ce qui dut se passer à l'origine. Un sentiment social encore très-faible ne pouvait contre-balancer entièrement la force des impulsions égoïstes. Aussi croirions-nous volontiers que, sauf quelques associations passagères en vue de l'attaque ou de la défense, les premières familles vivaient ordinairement dans un état d'indépendance farouche, sinon

1. Lubbock, p. 393-394.

d'hostilité déclarée les unes à l'égard des autres [1].
Le premier lien social un peu durable fut probablement l'autorité du chef de guerre, entre tous
choisi à l'heure du danger pour sa vigueur ou son
adresse. Vainqueur, il put prolonger facilement un
pouvoir qui d'abord ne lui avait été confié que
pour le temps de la lutte ; sa dure main parvint à plier à l'obéissance les volontés rebelles des
individus, qui, lentement façonnés au joug social,
finirent par accepter avec docilité même la succession du commandement dans la famille du
héros.

Mais si le sentiment social et la sympathie nous
paraissent avoir été impuissants à former les premières sociétés, il ne s'ensuit nullement qu'à nos
yeux l'idée du juste ne soit pas un élément essentiel et primordial de la nature humaine. Nous con-
cevons fort bien qu'elle existe et manifeste son
caractère impératif, même en l'absence de la sympathie. Est-ce que dans nos sociétés civilisées,
avec cette moralité supérieure qu'ont développée
en nous tant de puissantes influences, nous éprouvons une sympathie véritable pour chacun de nos

1. Voy. H. Spencer, *Princ. of sociology*, p. 482-485.

concitoyens? Non, sans doute ; pourtant nous avons parfaitement conscience de l'obligation où nous sommes d'être justes envers tous ; et peut-être cette conscience est-elle d'autant plus claire que nous nous sentons moins entraînés par la sympathie vers ceux dont le droit s'impose à notre respect. Et si, même aujourd'hui, l'idée du juste nous apparaît tellement distincte de toute impulsion sensible, tout porte à croire que dans le principe elle se révéla dans la raison de l'homme, non pas comme effet et conséquence de l'instinct de sociabilité, mais au contraire comme un principe absolu, obligatoire en soi et par soi, se posant en face des désirs égoïstes, alors presque irrésistibles, et faisant rayonner, dans le tumulte des appétits brutaux, — d'autant plus lumineux que la nuit était plus troublée et plus obscure, — ces deux flambeaux du monde moral, le devoir et le droit.

Nous pensons donc que la force seule fonda les premières sociétés en dehors de la famille ; mais elles ne purent se perpétuer que grâce à la conception et à la pratique de la justice. La sociabilité, la sympathie, concoururent sans doute à l'œuvre ; mais, selon nous, leur importance fut secondaire, leur développement lent et tardif. C'est la raison, non la sensibilité, qui fit de l'homme un être moral et vraiment social. Dans le sein même de la famille primitive, il y a déjà autre chose que le bestial attachement du mâle et de la femelle l'un pour l'autre et de tous les deux pour leurs petits : j'ai peine à croire que les différents membres qui la composent n'aient pas conscience, en dehors des affections qui les unissent, de certaines obligations réciproques et rigoureusement déterminées [1].

Cela ne veut pas dire, bien entendu, que les premiers hommes concevaient avec la netteté et la précision philosophiques les caractères purement rationnels de la loi du devoir. Ils les entrevoyaient dans une intuition confuse et vive, et l'obligation se manifestait à eux, moins sans doute en elle-même et directement, que par le sentiment tout spécial qu'ils éprouvaient en ne s'y conformant pas.

Ce sentiment, c'est le remords, et nous ne saurions accepter à aucun degré l'explication qu'en propose M. Darwin. Faire du remords une douleur

____

1. Voy. un remarquable article de M. Renouvier, *La psychologie de l'homme primitif, Origine du sens moral, Critique philosophique*, 24 déc. 1874.

produite par l'instinct social prenant en quelque
sorte sa revanche d'instincts égoïstes qui ont réussi
à conquérir sur lui une prédominance passagère,
c'est aller au rebours de la vérité. Loin de réveiller
la sympathie et de lui donner une force nouvelle,
le souvenir du tort causé à autrui sous l'impulsion
des désirs égoïstes aurait bien plutôt pour effet de
rendre ceux-ci plus violents et plus implacables.
L'auteur d'un excellent article sur *le Darwinisme
en morale* rappelle judicieusement ici le mot profond de Tacite : « *Humani generis proprium est
odisse quem læseris ;* » et il ajoute : « M. Darwin
suppose au contraire que, aussitôt après avoir
donné un soufflet, nous avons l'habitude de l'effacer
avec un baiser. Dans quelles îles fortunées les
hommes ont-ils un tel amour pour tous ceux qui
appartiennent au même groupe social, sans en
excepter les gens médiocres ou vulgaires, ceux qui
inspirent l'ennui ou le dégoût? Si ces natures
d'élite sont aujourd'hui une exception si rare,
quand, depuis dix-huit siècles, le christianisme
emploie toute son influence à développer cette
vertu de la mansuétude dont l'ancien monde a
donné si peu d'exemples, comment supposer que
nos incultes et grossiers ancêtres de l'âge paléoli-

thique ou d'une époque encore plus reculée étaient
entièrement pénétrés de sentiments aussi humains?
Et qu'on n'oublie pas que, à moins que chez la grande
majorité des hommes ne se produise un retour
spontané de sympathie pour leurs semblables après
s'être rendus coupables d'une injustice envers eux,
il n'y a aucune chance possible pour la formation
de ce sentiment *général* que M. Darwin suppose
avoir pris naissance dans la communauté [1]. »

« L'histoire naturelle du repentir, poursuit notre
auteur, semble témoigner d'un processus presque
entièrement inverse de celui qu'indique M. Darwin.
Avons-nous offensé quelqu'un de nos semblables,
soit en parole, soit en action, le premier sentiment
que nous démêlions après, c'est, ce me semble, un
redoublement de haine contre lui. Puis, au bout
de quelque temps, nous éprouvons un malaise,
mais plutôt parce que nous avons conscience
d'avoir violé la loi qui est au fond de nos cœurs,
et que nous sommes tristes et honteux de cette
violation, que parce que nous avons pitié de la
personne que nous avons offensée, ou que nous
sympathisons avec sa douleur. Au contraire, si je

____

1. F. Power Cobbe, *Darwinism in Morals.*

ne me trompe, nous sommes fort disposés, dans cette période du *processus*, à nous consoler et à nous affermir, en réfléchissant que cette personne est vraiment très-odieuse, qu'elle mérite bien ce qui lui est arrivé et pis encore, et nous sommes même tentés d'ajouter à notre injure quelque petite calomnie de surcroît. Ensuite vient le sentiment que nous avons réellement fait le mal devant Dieu ; enfin, comme terme et non comme point de départ du repentir, nous commençons à demander pardon pour notre mauvaise action ; et alors, alors seulement, nous revenons au sentiment d'amour et de charité [1]. »

Rien de plus exact que cette analyse. J'ajoute que, dans l'hypothèse darwinienne, rien n'explique la nature spéciale du remords et pourquoi il se distingue si profondément de toutes les autres souffrances. Le sentiment social n'est qu'un instinct ; mettons, contrairement à toute vérité, qu'il soit, somme toute, plus durable et plus fort que les autres ; j'éprouverai, si je manque à le satisfaire, une peine plus forte, si l'on veut, que celle que j'éprouve quand l'un quelconque de mes instincts

____

1. F. Power Cobbe, *Darwinism in Morals*, p. 21, 22.

est contrarié, mais une peine de même ordre, diffé-
rant seulement en degré, non en essence. Je souffre
de ne pouvoir manger ayant faim ; je souffre d'avoir
commis volontairement une injustice : n'y a-t-il
entre ces deux sentiments qu'une simple question
de quantité? M. Darwin, qui a prévu l'objection, se
contente de répondre « que la sensation du remords
est sans doute différente de celles que provoque
le défaut de satisfaction d'autres instincts ou d'autres désirs ; mais tout instinct non satisfait a sa
propre sensation déterminante, ce que nous reconnaissons dans la faim, la soif, etc. [1]. » Mais c'est précisément cette *sensation déterminante* de l'instinct
moral non satisfait, dont il s'agit de rendre compte.
Pourquoi seule entre toutes a-t-elle ce caractère
qu'elle éveille infailliblement dans la conscience
l'idée d'une loi obligatoire méconnue, de la dignité
humaine outragée en nous-mêmes et dans autrui?
Et qu'est-ce que tout cela, sinon la preuve qu'il y a
là autre chose qu'un instinct comme les autres, plus
ou moins fort que les autres et de même origine;
qu'il y a, en un mot un élément rationnel que la sensibilité toute seule ne contient ni n'explique?

1. *Descendance de l'homme*, t. I, p. 299.

Nous ne saurions non plus accepter sans réserves l'exposé historique que présente M. Darwin du développement moral dans l'humanité, ni surtout les conclusions qu'il en tire. Nous doutons fort qu'à l'origine l'homme n'ait connu et pratiqué que les vertus d'une utilité sociale évidente, et encore dans les limites étroites de la tribu. Puisqu'on parle tant des sauvages, nous rappellerons la bonté touchante que les femmes cafres témoignèrent à Mongo-Park, un étranger pourtant ! Nous invoquerons la grave autorité de M. Wallace, qui s'exprime ainsi : « Il est malheureusement trop vrai que la masse de nos populations n'a fait aucun progrès sur le code moral des sauvages, et, dans bien des cas, elle est tombée au-dessous [1]. » Nous demanderons encore si l'on est bien sûr que l'homme primitif ait entièrement ignoré les vertus privées. Il le faut, dans la théorie de M. Darwin, puisque l'utilité sociale est l'unique source, la mesure unique de la moralité, et que les vertus privées (sauf peut-être le courage) n'ont pu être jugées utiles à la communauté qu'après de longues et nombreuses expériences. Mais le moyen de croire que l'homme n'ait estimé la chasteté, la

____

1. Lubbock, ouvr. cité, p. 389.

véracité, etc., que du jour où il s'est aperçu qu'elles étaient, somme toute, plus avantageuses que nuisibles soit à lui-même, soit à autrui? Ici l'utilité sociale est loin d'être évidente : il faut, pour la découvrir, une puissance de réflexion que l'humanité primitive n'avait certainement pas. Or, pour la seconde de ces vertus, Mongo-Park affirme avoir entendu les femmes nègres enseigner à leurs enfants l'amour de la vérité. Quant à la chasteté, nous la trouvons en honneur dès l'aurore des temps historiques, à une époque où probablement on spéculait fort peu sur ce qui est conforme ou contraire à l'intérêt public [1]. Et si l'on insiste sur *l'effrayante licence* des sauvages, sur les crimes contre nature auxquels ils se livrent sans l'ombre d'un scrupule, nous nous refuserons à voir là autre chose que le triste spectacle de races dégradées qui ne sauraient prétendre à reproduire fidèlement l'image de ce que fut le genre humain à son berceau.

J'admets cependant que selon les temps et l'influence de diverses conditions extérieures, politiques, sociales, intellectuelles ou religieuses, certaines vertus sont plus honorées, par suite plus généra-

1. V. Lecky, *History of European morals*, introd., p. 106 sq.

lement pratiquées que certaines autres. On pourrait ainsi déterminer, d'une manière approximative, un ordre historique de succession entre les vertus. Dans sa remarquable *Introduction* à l'*Histoire de la morale en Europe depuis Auguste jusqu'à Charlemagne*, M. Lecky a donné sur ce sujet de précieuses indications. Il n'est pas douteux qu'il n'y ait, à ce point de vue, une *évolution* de la morale, et qu'on ne puisse tracer au moins les grandes lignes d'un progrès, de l'état sauvage à la civilisation la plus haute. Mais il reste vrai, et c'est ce qui nous importe ici, que ce progrès n'est pas le résultat d'expériences, de plus en plus nombreuses et précises, d'utilité. Résumant une intéressante exposition du développement de la chasteté à travers les âges, M. Lecky répond ainsi aux assertions sans preuves de la morale transformiste : « Si, relativement à l'adultère et à la production des enfants, les questions d'intérêt et d'utilité interviennent sans aucun doute, nous avons conscience que le progrès général dépend d'un ordre d'idées totalement différent. Le sentiment de tous les hommes et le langage de tous les peuples, ce sentiment qui, souvent affaibli, jamais entièrement effacé, nous révèle que, même dans ses satisfactions les plus légitimes, cet appétit est chose qu'il faut dissimuler aux regards; enfin, ce qui est connu partout sous les noms de décence et d'indécence; tout cela concourt à prouver que nous avons la perception innée, intuitive, instinctive, qu'il y a quelque chose de dégradant dans la partie sensuelle de notre nature...., quelque chose qui jure avec notre conception de la pureté parfaite, et que nous ne pourrions sans contradiction attribuer à un être absolument saint. Une telle conception n'a jamais fait complètement défaut à personne, et il faut tout l'aveuglement de l'esprit de système pour essayer de la ramener à un simple calcul d'intérêt. C'est ce sentiment ou cet instinct qui est à l'origine de tout le mouvement que j'ai décrit, et c'est lui également qui a produit ce sens de la sainteté ou de la parfaite continence, que l'Église catholique a si chaudement encouragé, mais que l'on peut retrouver aux époques les plus reculées et à travers les croyances les plus différentes. » Si nous insistons sur cette vertu de la chasteté, c'est que c'est celle-là peut-être que l'école transformiste invoque le plus souvent en faveur de sa doctrine sur l'origine utilitaire du sens moral; mais la conclusion que formule ici M. Lecky peut être généralisée, et l'histoire bien étudiée et bien comprise en justifierait, croyons-nous, l'application à toutes les vertus.

Quant à la théorie d'Herbert Spencer sur l'accumulation héréditaire et organiquement transmise des expériences d'utilité, elle nous paraît insoutenable. Et d'abord, dans l'expérience de nos ancêtres, l'honnêteté et la malhonnêteté ont dû être nécessairement associées à des conséquences tantôt heureuses, tantôt malheureuses ; nous savons, par exemple, observe l'auteur d'un remarquable article sur la question [1], que, dans l'ancienne Grèce, on associait ouvertement la malhonnêteté à des conséquences heureuses, dans l'admiration que l'on avait pour la ruse d'Ulysse. En sorte que tout ce qu'il serait possible d'admettre, même en acceptant l'hypothèse d'Herbert Spencer, c'est que « les associations morales lentement formées, en faveur de l'honnêteté, n'ont dû être en somme qu'une prépondérance d'associations avec un contre-poids. » — Ajoutons qu'il faudrait expliquer comment et pourquoi l'utile et l'honnête, identiques dans le principe, nous paraissent aujourd'hui si profondément distincts, que l'honnêteté se manifeste le plus ordinairement à

1. M. Hutton, *Macmillan magazine*, 1869.

nous par son opposition même avec l'utile. Il est étrange, en effet, que si l'utile est la source de l'honnête, nous nous sentions d'autant plus impérieusement obligés à faire certains actes que l'intérêt nous sollicite plus vivement en sens contraire. Ici encore, rien de plus juste que cette remarque de M. Hutton : « La théorie de M. Spencer, dit-il, semble trouver que le sentiment de l'obligation morale est à son maximum, quand la perception de la qualité qui, en dernière analyse, produit ce sentiment, est à son minimum [1]. » — Enfin, prise en elle-même, l'hypothèse est en contradiction avec les faits. Étudiez les enfants, réfléchissez à la puissance presque incalculable de l'éducation, et vous serez convaincus que « l'hérédité ne fournit à l'homme naissant aucune détermination fixe des actes bons et mauvais, ce qui devrait être pourtant si la préférence donnée à tout ce qui est réellement utile sur ce qui est nuisible au fond était un résultat d'expériences plus que séculaires, incarnées dans un système nerveux [2]. » Si des expériences d'utilité pouvaient être léguées de génération en génération sous forme de

1. M. Hutton, cité par F. Power Cobbe.
2. Renouvier, *la Psychologie de l'homme primitif, Critique philosophique*, 24 déc. 1874.

modifications cérébrales, pourquoi n'observons-
nous pas l'hérédité de certaines coutumes, de certaines superstitions, telles par exemple que l'horreur professée par l'Hindou pour les aliments
impurs? Cette objection, que fait Darwin lui-même
à la théorie de Spencer, nous paraît décisive. Il est
hors de doute que les idées relatives à l'utilité, tout
comme les usages, quelque durables qu'on les suppose, sont formées et entretenues dans l'individu
par l'influence du milieu social, influence à peu
près irrésistible en ces matières, et dans tous les
cas infiniment supérieure à celle qu'on peut raisonnablement attribuer à l'hérédité.

Ce qui achève de réfuter la théorie darwinienne
de l'origine du sens moral, c'est qu'on est en droit
de lui imposer des conséquences qui sont destruc-
tives de la morale. — Outre que l'utilité, même
générale, ne saurait jamais, quelque déguisée
qu'elle puisse être à la longue par les associations
permanentes et la transmission héréditaire, revêtir
aux yeux de la conscience un caractère obligatoire,
il est clair qu'elle est nécessairement variable; que,
par suite, elle ne peut fournir cette loi absolue,
immuable, la seule à laquelle soit tenue d'obéir la
volonté. M. Darwin avance que l'intérêt de la com-

munauté a pu développer chez certains animaux sociables des instincts de haine et de meurtre à l'égard de leurs plus proches parents : c'est ainsi que les abeilles ouvrières tuent leurs frères mâles, et que les reines-abeilles détruisent leurs propres filles. Il ajoute que si les sociétés humaines étaient constituées comme celles des abeilles, notre sens moral ne pourrait manquer d'approuver et de commander les mêmes actes. Qu'est-ce à dire, sinon que la loi morale n'a rien d'absolu? Et qui nous répond que le même intérêt social ne pourra pas imposer plus tard des règles de conduite précisément contraires à celles qui nous paraissent aujourd'hui les plus sacrées? Dès lors, quel respect peut exiger de l'homme une justice qui a ses époques et qui demain peut-être aura cessé d'être juste?

Une autre conséquence, également désastreuse, du transformisme en morale, c'est qu'il fait de la sélection naturelle l'agent suprême du progrès dans l'humanité. Or, la sélection naturelle, c'est la guerre, c'est la victoire devenant le droit, c'est le plus fort déclaré le meilleur par cela seul qu'il est le plus fort, c'est le vaincu justement condamné à périr par cela seul que la loi souveraine

de l'évolution a prononcé contre lui. De fait, à ne
regarder que le passé, la guerre n'a-t-elle pas été
la grande civilisatrice [1]? La lutte pour l'existence
n'a-t-elle pas eu ce résultat providentiel d'assurer
graduellement dans l'histoire le triomphe des
tribus, puis des nations les plus intelligentes, les
plus disciplinées, les plus courageuses, les plus
tempérantes? Et si la discipline, le courage, la
tempérance sont des vertus, comment ne pas bénir
cette fatalité bienfaisante qui, par la survivance
nécessaire des meilleurs, élève sans cesse le niveau
intellectuel et moral du genre humain?

Il y a ici, dans la théorie darwinienne, une contradiction dont il n'est pas facile de sortir. D'une
part, on nous dit que du sentiment social et de la
sympathie s'est peu à peu développé le sens
moral, et que la sélection a fait vaincre dans la
lutte les groupes dont les membres étaient le plus
étroitement unis entre eux. — D'autre part, on
nous montre la sympathie dépassant graduellement les bornes des communautés particulières,
tribus ou nations, pour s'étendre à l'humanité
tout entière et même aux animaux. Mais suppo-

---

1. Bagehot, *Lois scientif. du développement des nations.*

sons une nation déterminée, la France, si l'on veut, parvenue à ce degré supérieur de moralité où l'on sympathise avec tous les hommes comme avec des frères : il est manifeste qu'elle ne verra plus dans la guerre et la conquête que d'épouvantables attentats, et qu'elle répudiera avec horreur cette loi de sélection qui lui a valu dans le passé son existence et sa force. Ennemie de la guerre, elle la désapprendra ou la fera mal, car sa sympathie cosmopolite l'aura dépouillée peu à peu de ces qualités qui assurent la victoire dans la concurrence vitale des peuples. La voilà donc, en raison même de son évolution plus avancée, livrée sans défense aux appétits de quelque nation voisine, qui, peu soucieuse d'une moralité si funeste, aura jalousement entretenu ses vertus conquérantes et sera prudemment restée à mi-chemin du progrès. Ainsi les meilleurs, devenus les plus faibles, succomberont inévitablement dans la lutte pour l'existence, et le point culminant du développement moral, marquant, pour ceux que le mouvement nécessaire de l'humanité aura portés jusque-là, le commencement fatal de la ruine, ne pourra jamais être atteint.

Dira-t-on que toutes les nations parviendront en même temps au même niveau, et, poussées les unes vers les autres d'un réciproque amour, répudieront pour jamais, devant l'autel de l'humanité, l'antique loi de haine et de sang? Mais c'est là une hypothèse impossible, car il est contradictoire avec la théorie que tous les peuples marchent d'un pas égal; il n'y a progrès que parce qu'il y a des vainqueurs, et, s'il y a des vainqueurs, il faut qu'il y ait des vaincus. Or ces vaincus, s'ils n'ont pas été absorbés ou détruits, conservent, par une conséquence de leur infériorité même, ces instincts belliqueux dont les vainqueurs se sont niaisement dépouillés après leur avoir dû leur triomphe, et ils deviendront vainqueurs à leur tour. J'ajoute qu'ils n'est pas aisé de comprendre pourquoi la sélection, cause du progrès dans le passé, ne le serait pas aussi dans l'avenir [1]. Condition suprême du développement de toute vie, par quel miracle perdrait-elle subitement sa puissance et lèguerait-elle le soin d'achever son œuvre à la sympathie dont elle a préparé l'avènement?

Je ne vois, pour la théorie darwinienne, qu'un moyen de sortir d'embarras : c'est d'imaginer la

---

1. Voy. Renouvier, *le Credo politique de la France et des races latines*, et la *Réponse aux objections, Critique philosophique*, 3 sept. 1874 et 15 oct. 1874.

victoire définitive d'une nation sur toutes les autres, et l'extinction de toute guerre au sein d'une monarchie universelle. Alors, en effet, le peuple que la sélection aurait conduit au sommet de l'humanité pourrait abaisser ses regards sur les corps meurtris de ses victimes et convier à d'interminables embrassements les troupeaux d'esclaves que sa générosité consentirait à laisser vivre. Encore ferait-il bien de ne pas trop s'oublier dans ces effusions philanthropiques, car les vaincus pourraient bien ne pas prendre facilement leur parti de l'arrêt qu'aurait prononcé contre eux la sélection, et chez les vainqueurs mêmes des compétitions risqueraient fort de se produire. Mais je ne veux pas discuter ces utopies malsaines ; j'ai voulu montrer, après quelques autres [1], que la théorie darwinienne sur l'origine et la nature du sens moral était destructive de toute moralité, de tout droit et de toute justice, aussi bien pour les individus que pour les nations dans leurs rapports entre elles : j'espère y avoir réussi.

1. Outre les auteurs déjà cités, voyez les deux remarquables chapitres consacrés à la *Morale de l'évolution*, par M. Caro, dans son beau livre *Problèmes de morale sociale.* Paris, Hachette, 1875.

SIXIÈME ÉTUDE

L'ORIGINE DU LANGAGE

L'un des points sur lesquels l'évolutionnisme semble jusqu'ici le plus embarrassé, celui pourtant où il aurait le plus d'intérêt à fournir une explication nette et précise, c'est la question de l'origine du langage. Ici M. Darwin hésite, et Hæckel n'a que quelques lignes qui ne soutiennent pas la discussion. Il n'est pas à notre connaissance que M. Spencer ait encore porté sur ce sujet le puissant effort de son ingénieuse et pénétrante analyse. On peut bien placer dans les animaux l'embryon de toutes les facultés humaines, pousser la générosité jusqu'à leur attribuer le raisonnement, la réflexion, le sens moral, le sentiment esthétique, voire le sentiment religieux : il suffit pour cela d'une certaine habileté dans l'interprétation de certains faits ; comme il nous est impossible de nous installer de plain-pied dans la conscience des bêtes pour voir ce qui s'y passe, nous pouvons y supposer ce qu'il nous plaît. Mais la parole, j'entends la parole articulée, se révèle à l'oreille ; elle se lit au besoin dans la structure du larynx ; or, excepté quelques espèces de singes, aucun animal supérieur n'a l'organe vocal conformé comme le nôtre, et ces singes mêmes ne parlent pas. De telle sorte que l'évolutionnisme est enfermé dans ce dilemme : ou bien ces singes ont la faculté de la parole, et alors pourquoi n'en font-ils pas usage ? ou bien ils ne l'ont pas, et alors comment l'homme, sorti du singe, l'a-t-il acquise ? Dans les deux cas, la conclusion qui paraît s'imposer, c'est que le langage articulé creuse entre l'homme et la bête un infranchissable abîme.

Nous allons essayer de suivre les détours par lesquels l'évolutionnisme prétend échapper à cette alternative. Le plus simple, le plus grossier, consiste à rapporter l'origine du langage articulé à deux différenciations purement accidentelles. Un jour, chez certains individus d'une espèce voisine de celle des singes anthropomorphes, une conformation nouvelle de l'organe vocal apparut : un imperceptible changement dans la structure de la glotte rendit possible, selon M. Huxley, « l'égalité d'action » des deux nerfs qui s'y rendent [1] ; un heureux hasard dotait ainsi ces privilégiés de l'instrument de la parole. S'ils ne parlèrent pas, c'est que leur intelligence, trop peu développée encore, ne leur en faisait pas éprouver le besoin. Ces individus devinrent, par sélection naturelle, les ancêtres des singes les plus parfaits et de l'homme primitif. Celui-ci fut muet à l'origine, *mutum pecus ;* des périodes géologiques s'écoulèrent depuis la naissance du genre humain jusqu'à l'heure où retentit le premier mot. Ce moment solennel fut celui où le jeu aveugle des forces de la matière produisit quelques cerveaux plus vastes et d'une organisation plus délicate : de là une somme plus grande d'intelligence et l'idée d'utiliser l'organe, jusqu'alors inu-

---

1. Cité par M. Staniland Wake, *Chapters on man*, p. 297. Comment, observe judicieusement M. Wake, un changement de structure qui a des conséquences si merveilleuses serait-il peu de chose ? En fait, son insignifiance n'est qu'apparente ; car il est lié à une supériorité et à un perfectionnement général de la structure nerveuse et de la sensibilité, qui donnent une forme plus élevée à l'organisation humaine ; ce sont là les conditions d'où dépend entièrement l'action spéciale des nerfs qui sont en rapport avec les muscles de la glotte.

tile, du langage articulé. Mais la parole, fille d'un développement intellectuel supérieur, devint cause à son tour de développements nouveaux. Ces hommes parlants supplantèrent les autres dans la lutte pour l'existence, et, par l'incessante action du verbe sur la pensée et de la pensée sur le verbe, l'humanité fut lancée d'une vitesse toujours accrue dans la voie d'un progrès indéfini.

Telle est l'hypothèse suggérée par Hæckel [1] et Huxley ; la discuter longuement serait peut-être lui faire plus d'honneur qu'elle n'en mérite. Comment prendre au sérieux cette succession de chances favorables qui, en l'absence de tout plan providentiel, introduit dans la série des êtres l'organe de la parole, et, quelques milliers de siècles plus tard, un cerveau qui s'avise de s'en servir ? N'y a-t-il pas là d'ailleurs un renversement manifeste de cette loi générale de biologie, formulée par M. Spencer, que partout, dans la nature vivante, la structure est postérieure à la fonction et déterminée par elle ?

Heureusement l'évolutionnisme a d'autres ressources. Plus ingénieuse, plus savante aussi est la

1. *Histoire de la création des êtres organisés*, tr. franç., p. 390.

théorie que l'on peut extraire des œuvres de Darwin [1], bien que nulle part on ne la trouve expressément énoncée. Suivons-la dans les lenteurs, calculées peut-être, de ses inductions; si nous n'arrivons pas à une solution satisfaisante, au moins aurons-nous la bonne fortune de rencontrer en chemin nombre de faits intéressants et *suggestifs;* cela vaut souvent mieux pour la science qu'une conclusion hâtive et téméraire, promptement remplacée par une autre qu'emporte bientôt la même disgrâce.

Nul doute que les animaux, ceux du moins dont l'organisation est relativement élevée, n'aient la faculté de manifester au dehors, par les moyens les plus divers, les émotions qui les agitent. Que n'a-t-on pas dit sur les conversations antennales des fourmis? Qui ne connaît les vingt-cinq mots que Dupont de Nemours affirme avoir discernés dans le langage des corbeaux? Mettons que la bonne volonté, la sympathie des observateurs, aient quelque peu forcé la signification des faits : ce qu'on ne niera pas, c'est que les animaux supérieurs ne racontent de la façon la plus claire, par les mouvements, les gestes, l'attitude du corps;

1. *De l'expression des émotions chez l'homme et les animaux.*

l'inflexion de la voix, leurs plaisirs et leurs peines, leurs colères, leurs désirs, leurs terreurs, leurs tendresses. Déjà, dans des vers célèbres, Lucrèce notait les sentiments différents que traduisent les variétés d'aboiement du chien et les cris des oiseaux. Avec toute la précision de la science moderne, Charles Bell et Gratiolet ont tenté de déterminer la part de chaque organe, de chaque muscle, de chaque nerf dans l'expression des principales émotions chez les animaux et chez l'homme. Mais c'est à Darwin que revient l'honneur d'avoir ramené la multitude des faits constatés à un petit nombre de principes généraux et d'en avoir proposé la première interprétation systématique.

Le premier principe énoncé par M. Darwin, c'est que certains mouvements complexes, qui primitivement ont été d'une utilité, soit directe, soit indirecte, pour répondre ou satisfaire à certaines sensations, à certains désirs, se reproduisent par la force de l'habitude et de l'association, toutes les fois que le même état d'esprit se reproduit, bien qu'ils ne puissent être alors d'aucun usage. C'est ainsi, par exemple, que les jeunes chats manifestent souvent le plaisir qu'ils éprouvent au contact d'une étoffe chaude et moelleuse, en la pressant doucement et alternativement avec leurs pattes de devant. Pourquoi? Parce que l'impression qu'ils ressentent alors est analogue à celle que provoquent en eux les mamelles de leur mère, et ces petits mouvements par lesquels ils ont l'habitude d'exciter la sécrétion du lait et d'en faciliter l'afflux se sont associés dans leur esprit avec toute sensation de surface chaude et molle. Supposons que l'habitude ait été fixée par l'hérédité à travers une longue série de générations : certains mouvements, accomplis d'abord volontairement en vue d'une utilité immédiate, peuvent devenir entièrement réflexes. — Qu'un bruit se produise à l'improviste tout près de l'œil, instinctivement il se ferme, fût-on d'ailleurs convaincu que la cause de ce bruit n'a rien de menaçant. Il est probable qu'à l'origine ce mouvement fut volontaire et qu'il eut pour objet, en face d'un danger imprévu, de préserver le plus précieux des organes, celui de la vision. Répété un nombre de fois incalculable, il s'est transformé en une action réflexe dont le ressort part pour ainsi dire tout seul, dès que se reproduisent des circonstances analogues à celles qui primitivement ont donné naissance à l'habitude héréditaire.

Le second principe est appelé par M. Darwin *principe de l'antithèse.* — S'il est vrai que certains états d'esprit entraînent certains actes habituels qui sont utiles, on comprend que, dans un état d'esprit directement contraire, on soit fortement et involontairement tenté d'accomplir des mouvements absolument opposés, quelque inutiles qu'ils puissent être d'ailleurs. Considérez un chien en proie à la colère et qui se prépare à se battre; puis observez le même animal, humble et soumis, témoignant sa tendresse à son maître. Dans le premier cas, la démarche est droite et raide, la tête légèrement relevée, la queue dressée en l'air, les poils hérissés, surtout le long du cou et de l'échine, les oreilles dirigées en avant, les yeux fixes. Dans le second, l'attitude, par tous les détails, est précisément inverse; le corps, presque couché, est agité de mouvements ondulatoires; la queue, abaissée, remue d'un côté à l'autre; les poils, instantanément, deviennent lisses; les oreilles sont renversées en arrière; par suite, les paupières s'allongent, et les yeux perdent leur apparence arrondie et leur fixité. Ce même principe de l'antithèse explique le contraste qui existe entre la posture du triomphateur et celle du suppliant,

entre les manifestations de la joie et celles de la
tristesse; en général, les expressions d'émotions
contraires s'opposent terme pour terme aussi bien
chez l'homme que chez les animaux. — La réflexion
et la volonté sont-elles pour quelque chose dans
la formation des habitudes que traduisent les
mouvements rapportés par Darwin au principe de
l'antithèse? Il est permis d'en douter. Tout ce
qu'on peut conjecturer, c'est que les forces nerveuses mises en jeu par les sentiments qui se racontent au dehors, suivent naturellement des voies
opposées si ces sentiments sont opposés, sans que
l'utilité suffise à expliquer dans les deux cas la divergence de direction. Quant à la raison du fait
lui-même, on n'en peut donner d'autre qu'une convenance générale, une harmonie entre les mouvements de l'organisme et les phénomènes de sensibilité.

Le troisième principe, M. Darwin l'appelle le
principe de l'action directe du système nerveux. —
Toute sensation vive engendre la force nerveuse
en excès, et celle-ci est ordinairement transmise
selon certaines lignes déterminées à l'avance, soit
par les connexions des cellules nerveuses, soit par
l'habitude; souvent, au contraire, l'afflux de la

force nerveuse est, en apparence, interrompu. — C'est ainsi qu'une violente frayeur, parfois une joie intense, produisent un tremblement de tous les membres; la force nerveuse, dégagée à la suite de l'émotion, rayonne par les nerfs dans tout le système musculaire, qu'elle ébranle convulsivement. Par là s'explique le blanchissement rapide des cheveux dans certains cas rares d'extrême angoisse. Cet afflux de force nerveuse que rien ne dirige suivra de préférence les voies les plus habituelles; aussi voit-on tout d'abord le visage se contracter dans la douleur, s'épanouir dans la joie, la respiration s'accélérer et devenir haletante, car les muscles faciaux et respiratoires sont ceux dont le jeu est le plus fréquent; les muscles des membres supérieurs entreront ensuite en action, puis ceux des membres inférieurs, enfin ceux du corps tout entier.

Ces trois principes, séparés ou combinés, rendent compte, selon M. Darwin, de tous les mouvements expressifs, tant chez les animaux que chez l'homme. Il ne faut pas oublier que le rôle de l'hérédité est en tout ceci d'importance capitale; c'est elle qui transforme en actes instinctifs et quelquefois réflexes certaines habitudes utiles qui furent à l'origine des actes pleinement volontaires; c'est elle qui dessine dans l'organisme naissant les lignes de direction que suivra de préférence l'influx nerveux, et les oriente sur celles qui ont été le plus fréquemment suivies dans les organismes des ascendants. Chaque animal qui vient au jour apporte ainsi dans tous ses nerfs, dans tous ses muscles, dans tous ses membres, l'ébauche des mouvements par lesquels se sont traduites les émotions des générations dont il est le dernier terme, et ses émotions individuelles n'auront plus qu'à revêtir comme d'elles-mêmes ce muet et éloquent langage qui s'est à l'avance élaboré pour lui dans l'incalculable série de ses ancêtres.

On remarquera que, par le premier au moins des trois principes qu'il énonce, M. Darwin abrège déjà singulièrement la distance qui sépare les animaux de l'homme. Rapporter en effet à des habitudes utiles un grand nombre des mouvements expressifs des animaux, n'est-ce pas attribuer à ceux-ci une intelligence qui leur permette d'inventer en quelque sorte des actions auxquelles l'instinct ne les détermine pas fatalement? Cette utilité, dont on les fait appréciateurs et juges, comment la connaîtraient-ils, sinon par la réflexion, la comparaison, c'est-à-dire par quelques-unes des opérations les plus élevées de l'esprit? Et, chose étrange, qui semble en contradiction avec la donnée fondamentale de l'évolutionnisme, ce sont les ancêtres les plus reculés qui, dans une série quelconque de générations animales, auront dû posséder le plus d'intelligence! A eux la tâche de former les habitudes utiles, de choisir par conséquent entre plusieurs mouvements possibles les plus favorables à la conservation et au développement de la vie. Quant à leurs descendants, ils n'ont eu qu'à recueillir les fruits héréditaires de ces merveilleuses découvertes. Nul effort ne leur est plus nécessaire ; la mécanique cérébrale, au fonctionnement désormais infaillible, les dispense d'être ingénieux. En un mot, selon la théorie darwinienne, l'instinct commence par l'intelligence et le libre choix, pour aboutir à l'habitude et à l'action réflexe : la marche de la nature vivante est ainsi régressive au lieu d'être progressive, et, comme les instincts remarquables se trouvent chez des animaux qui n'occupent pas un rang très-élevé dans l'échelle des êtres, que d'autre part l'effort intellectuel qui a donné naissance à un instinct doit être en proportion du degré d'industrie que celui-ci révèle, la conséquence qui paraît s'imposer, c'est que les plus intelligents des animaux sont non pas les mammifères supérieurs, non pas même certains oiseaux ou certains insectes dont les actes sont maintenant déterminés par des habitudes transmises à travers une longue suite d'organismes, mais les ascendants les plus antiques de ces insectes ou de ces oiseaux, les premiers pères au génie desquels l'espèce tout entière est redevable de ses instincts.

Il semble que cette objection porte contre la doctrine darwinienne de la formation de l'instinct et non contre la théorie relative à l'origine des mouvements expressifs. Mais on s'aperçoit sans peine que le premier des principes posés plus haut n'est qu'un cas particulier de l'hypothèse qui prétend expliquer les mouvements instinctifs par des habitudes d'abord volontairement acquises : montrer l'insuffisance de celle-ci, n'est-ce pas la meilleure manière de réfuter le corollaire qui en découle?

Quant aux deux autres principes, celui de l'antithèse et celui de l'action directe du système nerveux, nous ne voyons pas qu'ils contiennent, au point de vue évolutionniste, une véritable explication. Le principe de l'antithèse, nous l'avons dit, n'exprime autre chose qu'une convenance générale

entre les dispositions mentales et les mouvements
et attitudes du corps; cette convenance, nous l'admettons comme un fait, et nous y reconnaissons
même l'une des mille preuves d'un plan providentiel; mais comment l'évolutionnisme en rendra-t-il
compte, lui qui rejette toute notion d'une pensée
ordonnatrice? Reste l'action directe du système
nerveux; mais ce fluide qui rayonne dans tout l'organisme et suit de préférence les lignes de moindre
résistance, qu'est-ce autre chose, sous un autre
nom, que la vieille hypothèse cartésienne des esprits animaux? Et, si cette dernière est aujourd'hui
universellement abandonnée, voit-on par quels titres celle qui la remplace pourrait justifier la prétention de fournir une raison scientifique des phénomènes expressifs?

Nous croyons donc, en résumé, qu'une explication des mouvements d'expression, conformément
aux principes de l'évolutionnisme, est encore à
trouver. Ni l'habitude héréditaire, ni l'action directe du système nerveux, ne semblent suffire. Pour
les évolutionnistes, comme pour nous, le problème
reste tout entier. Les faits sont constatés; le jeu
des muscles et des nerfs est en grande partie
connu; mais la connexion entre ces modifications

organiques et les diverses émotions de la sensibilité, soit animale, soit humaine, est toujours un
mystère.

II

En même temps que, par le principe d'association
des habitudes utiles, M. Darwin semble attribuer
l'origine de certains mouvements expressifs chez
les animaux à une intelligence presque humaine,
il s'efforce d'établir que des mouvements et des
expressions analogues chez l'homme ne peuvent
guère s'expliquer que par une descendance animale. De tous les exemples qu'il invoque, le plus
curieux est ce fait que, dans la colère, la haine
violente, le défi, la lèvre supérieure se relève souvent de façon à ne laisser apercevoir la canine que
d'un seul côté[1]. Le rire sardonique est une reproduction atténuée du même mouvement, qui, pour
M. Darwin, est identique à celui du carnassier qui
va mordre. C'est donc là une survivance de
l'époque où les ancêtres de l'homme, armés de
fortes canines, s'en servaient comme d'une arme à

---

1. *Expression des émotions*, tr. franç., p. 262 sq.

la manière des dogues et des loups, car aujour-
d'hui il n'est personne qui, se débattant par terre
dans une mortelle étreinte, et essayant de mordre
son ennemi, songeât à se servir de ses canines
plutôt que de ses autres dents. — De même
encore, selon M. Darwin, la moue est dans l'humanité une tradition des singes. Les petits enfants
européens, quand ils sont de mauvaise humeur,
font une moue beaucoup moins prononcée que les
adultes des races inférieures, et surtout que les
enfants des sauvages. Mais le chimpanzé, l'orang-
outang, le gorille, sous l'empire du mécontente-
ment, de la surprise, ou même d'une légère satisfaction, allongent démesurément les lèvres, et leur
figure prend alors l'expression la plus grotesque :
la moue s'est ainsi perdue peu à peu, à mesure que
l'homme s'est éloigné de ses origines simiennes, et,
si quelques vestiges s'en retrouvent chez nos enfants, c'est que, dans toute la série animale, les
jeunes retiennent d'une manière plus ou moins
parfaite, pour les perdre plus tard, certains caractères qui ont appartenu à leurs ancêtres adultes, et
qu'on remarque encore dans d'autres espèces distinctes, leurs proches parentes [1].

1. *Expression des émotions*, p. 250 sq.

Ces inductions sont à coup sûr ingénieuses :
sont-elles aussi concluantes que paraît le croire
M. Darwin ? De ce qu'un mouvement expressif est
commun à l'homme et à certains animaux, il ne
s'ensuit pas qu'on en puisse tirer la preuve d'une
filiation. Les ressemblances s'expliquent naturellement par des analogies d'organisation : il serait
téméraire d'affirmer au delà. — J'avoue que le
relèvement de la lèvre supérieure mettant à nu
l'une des canines semble bien indiquer une survivance de l'habitude de mordre ; mais les premiers
hommes ont pu se servir de leurs canines comme
d'une arme sans pour cela descendre des carnassiers. D'ailleurs, de l'aveu même de M. Darwin, le
mouvement dont il est ici question ne s'observe
que chez un petit nombre de personnes ; rien n'empêche d'admettre que ce ne soit là qu'une espèce
de *tic*. Quant à la *moue*, tout ce qu'il est permis
d'en dire, c'est qu'elle est une expression qui
appartient à la fois à l'homme et au singe, et, si
elle est plus fréquente et plus accentuée chez les
enfants et chez les sauvages, c'est parce que l'éducation et la culture ont pour effet de réprimer de
plus en plus les manifestations extérieures des
émotions.

Y a-t-il des mouvements expressifs qui appartiennent exclusivement à notre espèce? On comprend tout ce que gagnerait l'évolutionnisme s'il
avait le droit de répondre à cette question par la
négative. Nombre d'observateurs ont soutenu avec
Rabelais que « rire est le propre de l'homme ».
M. Darwin est naturellement d'un autre avis. Selon
lui, le singe partage avec nous ce privilège. « Un
grand nombre d'espèces de singes font entendre,
lorsqu'ils sont contents, un son saccadé évidemment analogue à notre rire, et souvent accom-
pagné du claquement de leurs mâchoires ou de
leurs lèvres ; en même temps, les coins de la bouche sont retirés en arrière et en haut, leurs joues
se plissent et leurs yeux brillent [1]. » Reste à savoir
si le rire du singe exprime la même chose que le
nôtre ; s'il est, comme chez l'homme, le reflet
d'une âme épanouie, l'écho sonore d'une pensée
joyeuse dans une expansion nouvelle et imprévue
de son activité, ou une simple grimace par où se
dégage le trop-plein de l'énergie physique, — ce
qu'on pourrait appeler une gambade du visage. —
Il est embarrassant pour l'évolutionnisme que les

____

1. *Expression des émotions*, p. 392.

singes anthropomorphes ne pleurent pas : qui a le don du rire devrait, semble-t-il, avoir celui des larmes. Mais, fait observer M. Darwin, d'autres singes assez éloignés de notre espèce pleurent, ce qui lui permet de conjecturer que l'homme est issu d'une branche latérale à celle des singes anthropomorphes, branche éteinte aujourd'hui et dont les individus avaient inventé déjà cette manifestation vraiment humaine de la douleur.

La rougeur et la pâleur, comme signes de certaines émotions morales, passent généralement pour des caractères distinctifs de notre espèce. « Comme il est dans l'ordre de la nature, dit Gratiolet, que l'être social le plus intelligent soit aussi le plus intelligible, cette faculté de rougeur et de pâleur qui distingue l'homme est un signe naturel de sa haute perfection [1]. » Ce recours au principe de la finalité ne peut être accepté par l'évolutionnisme. M. Darwin ne va pas jusqu'à soutenir que les animaux rougissent sous l'influence de la pudeur ou de la honte : mais il estime que la rougeur dans l'homme n'eut pas à l'origine la même signification morale qu'aujourd'hui.

1. *De la Physionomie et des Mouvements d'expression*, p. 92.

Elle est même, à l'en croire, une survivance d'un état social fort ancien et fort grossier, où les hommes et les femmes allaient encore presque nus. La cause de la rougeur serait, en effet, la pensée que notre extérieur est soumis à un examen attentif, surtout de la part d'une personne de l'autre sexe. Si le visage rougit seul chez les peuples civilisés, c'est que seul il est à découvert ; néanmoins on a observé que souvent le cou, la poitrine même rougissent en même temps, et, chez les sauvages, la rougeur, paraît-il, descend fréquemment jusqu'à la ceinture. — Et comment se produit, selon M. Darwin, cette coloration subite de la peau ? L'attention dont nous nous sentons l'objet excite en nous une certaine inquiétude, dans le cas principalement où nous désirons plaire à qui nous regarde ; par suite, notre pensée s'attache à la partie de notre corps sur laquelle est fixé l'œil d'autrui, et c'est ici le visage. Or, bien des faits établissent que si l'esprit est vivement préoccupé de l'état d'un organe, une certaine quantité de force nerveuse agit, sans que nous en ayons conscience, sur les nerfs qui aboutissent à cet organe, et peut augmenter notablement soit leur sensibilité, soit leur motricité. Si donc nous pen-

sons avéc anxiété à notre visage, les nerfs vaso-
moteurs qui servent à dilater ou à contracter les
artérioles de la face reçoivent un surcroît d'énergie ; sous cette influence, les vaisseaux capillaires
se dilatent, le sang paraît affluer sous la peau ;
d'où la rougeur. — Par une association d'idées
très-naturelle, toutes les fois que nous soupçon-
nons que l'on critique, non plus seulement notre
personne, mais nos actions, nos pensées, notre
caractère, notre attention se porte fortement sur
nous-mêmes, et, en vertu de l'habitude et de l'hérédité, le mécanisme de la rougeur entre immédiatement en jeu, sans que nous ayons du reste conscience d'aucune préoccupation relative à notre
visage ; de même enfin, quand on nous adresse des
éloges, car la louange, aussi bien que le blâme,
témoigne que nous sommes l'objet de l'examen
d'autrui [1].

Contre cette explication originale et ingénieuse,
encore qu'un peu pénible, nous n'avons pas compétence pour nous inscrire en faux. Mais on nous
permettra de nous étonner que M. Darwin, qui
a recueilli tant et de si jolies choses sur les coquet-

1. *Expression des émotions*, ch. XIII.

teries amoureuses des animaux, n'ait rencontré
nulle part la moindre preuve qu'un jeune singe,
par exemple, rougisse en présence d'une jeune
guenon. Serait-ce que le mâle se soucie peu de
l'impression que produit sa personne sur celle
qu'il recherche? M. Darwin affirme le contraire.
Serait-ce que le mécanisme des nerfs vaso-moteurs
n'est pas ici le même que chez l'homme? L'ana-
tomie et la physiologie comparées ne constatent
pas, que nous sachions, de différences. Serait-ce
que la peau du singe ne peut rougir? Mais cela
même ne prouverait-il pas que la rougeur est dans
notre espèce l'expression d'un ordre d'émotions
que l'animal même le plus parfait ne connaît pas?
Car enfin, si, comme on nous l'affirme, certains
oiseaux, pour plaire à leurs compagnes, peuvent
rendre leurs chants plus mélodieux, pourquoi le
singe, plus intelligent encore, ne se serait-il pas fait
à la longue un visage capable de rougir? Dira-t-on
que ce signe délicat de l'amour timide eût risqué
de n'être pas compris? Qu'on avoue donc alors
que ces délicatesses sont étrangères au monde de
l'animalité; que là le mâle ne cherche pas plus à
devenir l'objet d'une préférence volontaire que la
femelle n'a l'idée de faire un tel choix; que l'aveu-

gle et brutal instinct y pousse seul les sexes l'un vers l'autre, et qu'entre rivaux c'est la force seule qui désigne un vainqueur.

Nous croyons pouvoir conclure que certaines émotions appartiennent en propre à notre espèce, et que, même sur ce point, l'évolutionnisme ne réussit pas si facilement à renverser les vieilles barrières qui, aux yeux du sens commun, séparent le règne animal du règne humain. De là, pour nous, une grave présomption contre les tentatives de faire dériver le langage intellectuel de l'expression des émotions. C'est ce nouvel et suprême effort de l'évolutionnisme dont il nous reste à apprécier le succès.

III

Personne ne songe à nier que, parmi les moyens expressifs qui sont à la disposition des animaux comme de l'homme, les plus importants peut-être, et les plus variés, ne soient les cris. Mais, entre le cri de la bête et le verbe qui traduit la pensée humaine, quel abîme ! et comment le combler ? M. Darwin incline à croire que le chant pourrait bien fournir la transition cherchée.

Il paraîtrait en effet que certains singes peuvent
donner une série régulière de notes musicales.
Une variété de gibbon, l'*hylobates agilis*, est, au
témoignage de M. Owen, un véritable chanteur;
et un naturaliste, cité par M. Darwin, dit, en parlant de sa voix : « Il m'a semblé que, en montant
et en descendant la gamme, les intervalles étaient
régulièrement d'un demi-ton, et je suis certain
que la note la plus élevée était l'octave exacte de
la plus basse. Les notes ont une qualité très-musi-
cale, et je ne doute pas qu'un bon violoniste ne
puisse reproduire la composition du gibbon et en
donner une idée correcte, sauf en ce qui concerne
son intensité[1]. » — Admettons maintenant, comme
l'analogie nous y invite, que ce gibbon déploie les
richesses de son chant principalement dans la
saison des amours : rien n'empêche de croire
qu'il en fut de même pour les ancêtres de l'homme;
avant de posséder le langage articulé, ils durent
faire usage du chant pour captiver leurs femelles ;
il est même permis de conjecturer que les femelles
eurent, plus souvent que les mâles, recours à ce
moyen de séduction, si l'on en juge par ce fait que

1. *La Descendance de l'homme*, tr. franç., t. II, p. 290.

les femmes ont généralement la voix plus douce
et plus musicale que les hommes. Qui peut mesurer aujourd'hui l'intensité des émotions que tra-
duisirent et provoquèrent, en l'absence de tout
langage articulé, ces mélodies informes et puissantes de l'humanité primitive? Et si, de nos jours
même, la musique est restée la langue la plus
naturelle de l'amour, si toute passion violente,
échappant en quelque sorte à l'expression glacée
de la parole, fait instinctivement explosion dans
un chant; si, par une convenance inexpliquée, les
notes hautes répondent à certains états de l'âme,
les notes basses à d'autres tout différents, — ne
serait-ce pas que l'hérédité a comme imprimé
dans notre organisation intellectuelle et morale un
vague ressouvenir du langage musical de nos premiers pères, et qu'ainsi, dans les œuvres des
grands compositeurs, nous entendons, sans le
reconnaître, le retentissement affaibli des mélodies par lesquelles l'humanité, muette encore,
racontait ses amours et ses haines, ses luttes, ses
jalousies, ses fureurs, ses souffrances et ses joies?

Diminuez le volume de la voix, supprimez les
notes qui dépassent une certaine hauteur moyenne,
et la phrase musicale se rapproche du récitatif, assez

voisin lui-même de la phrase parlée. M. H. Spencer établit que toute émotion dégage une quantité plus ou moins grande de force nerveuse qui produit des mouvements musculaires d'une intensité corrélative ; ces mouvements peuvent se manifester par des sons de l'organe vocal, et, comme les notes les plus basses et les plus élevées sont celles qui exigent le plus d'effort, elles sont l'expression naturelle d'une sensibilité violemment excitée ; inversement, les notes moyennes traduisent une sensibilité moins émue : de la phrase musicale à la phrase parlée, il y a donc extinction graduelle de l'émotion. Mais on peut concevoir de l'une à l'autre une série indéfinie de transitions, en sorte que le ton passionné se soit abaissé peu à peu à celui de la raison tranquille. N'est-ce pas là en effet ce que confirme la marche historique de l'esprit humain ? La prose n'est-elle pas née partout de longs siècles après la poésie, qui à l'origine se confondit avec le chant [1] ?

L'explication précédente rend à peu près compte de l'évolution générale de l'expression vocale, mais elle ne nous apprend pas d'où est sorti l'élément

1. H. Spencer, *The origin and function of Music*, dans les *Essays scientific, political and speculative*. Londres, 1858.

même du langage articulé, le mot. — Sur ce nouveau point, qui est décisif, le transformisme aurait, semble-t-il, gain de cause, s'il pouvait établir que le mot est dérivé naturellement, soit des interjections inarticulées qui traduisent les sentiments primordiaux de l'âme humaine, soit de l'imitation des sons extérieurs, et particulièrement du cri des animaux.

On sait les graves objections de Max Müller contre ces deux théories de l'imitation et de l'interjection, et l'importance fondamentale qu'il attribue, pour la formation du langage, aux racines ; elles marquent, selon lui, le point précis où commence la parole vraiment humaine et établissent entre le langage émotionnel, qui pourrait nous être commun avec la bête, et le langage intellectuel, qui nous appartient en propre, une ligne de démarcation infranchissable. Mais, malgré tout notre respect pour la haute autorité de Max Müller, nous n'oserions affirmer que le problème soit définitivement résolu. On peut toujours se demander d'où viennent ces racines elles-mêmes. Max Müller refuse de poser cette question, sous prétexte qu'elle échappe par sa nature aux conditions de la science expérimentale. — Sans doute, si l'on s'en tient aux langues entièrement constituées et susceptibles d'être étudiées dans des monuments écrits, on ne peut remonter au delà des racines, et on doit les considérer comme les éléments ultimes auxquels l'investigation positive puisse atteindre; mais ces limites relativement étroites, l'induction ne peut-elle essayer de les franchir? Les innombrables idiomes des tribus sauvages n'ont-ils rien à nous apprendre? Et, en recueillant et concentrant les douteuses lueurs qu'on en peut tirer, n'y a-t-il pas quelque espérance d'éclairer d'un jour nouveau les obscures origines du langage humain?

C'est ce qu'ont fait, non sans profit, plusieurs linguistes contemporains, parmi lesquels nous mentionnerons MM. Farrar, Hensleigh Wedgwood, B. Tylor. On ne peut méconnaître, en lisant leurs ouvrages, que les objections de Max Müller contre les théories de l'imitation et de l'interjection n'aient beaucoup perdu de leur force.

Il est aisé d'abord de ramener ces deux théories à une seule, celle de l'imitation ou de l'onomatopée. En effet, que sont les interjections? Des sons, articulés déjà, par lesquels l'homme a dû primitivement imiter les cris naturels de la douleur, de la joie, de la crainte, etc., pour exprimer à ses semblables les diverses situations de son âme. Le cri de la douleur, par exemple, est, en vertu de la constitution même de notre espèce, le signe universel de la douleur ; pour implorer secours, en l'absence de tout autre langage, que fera l'homme, sinon reproduire plus ou moins volontairement le cri que, sous l'aiguillon de la souffrance, il a poussé maintes fois sans le vouloir ? C'est ce que confirme l'observation des enfants. Longtemps avant d'avoir acquis l'usage de la parole, ils manifestent leurs besoins par la répétition évidemment intentionnelle de cris qui furent d'abord tout spontanés.

C'est donc au principe général de l'onomatopée qu'il faut demander s'il peut rendre un compte suffisant de l'origine des mots. Et certes, s'il ne peut les expliquer tous, il en explique du moins un fort grand nombre. MM. Farrar [1] et Wedgwood [2] ont montré que, dans toutes les langues connues, une foule de substantifs, d'adjectifs, de verbes, ont été formés par imitation du cri des animaux. Quant aux différences qui, d'un idiome à l'autre, se mani-

1. *Chapters on language*. Londres, 1873, 2e éd. — M. Farrar a surtout collationné des exemples empruntés aux idiomes sauvages (voy. ch. III, p. 25).
2. *On the origin of language* (Londres, 1866), p. 24, 25 sq.

festent dans l'appellation d'un même animal, les causes en sont, soit les différences mêmes qui existent entre les cris habituels de l'animal, soit les altérations qu'ont dû subir à travers les siècles, sous des influences dont il est impossible de déterminer les effets, des vocables primitivement identiques. Tous les bruits de la nature ont dû, à l'origine, être reproduits par le langage. Comment croire, par exemple, que le tonnerre n'ait pas été nommé partout d'un mot imitatif? Max Müller a fait voir, il est vrai, que dans les langues indo-européennes ce mot dérive d'une racine sanscrite, *tan*, qui veut dire *tendre*, *étendre*, d'où *tonare*, τόνος, *tener*, *tenuis,* etc., le tonnerre ayant été rangé par les premiers Aryas sous le concept général des choses qui s'étendent et se prolongent, ce qui évidemment n'a rien de commun avec une onomatopée. Mais on peut raisonnablement mettre en doute que ce procédé savant ait été celui des temps les plus reculés. Le tonnerre a dû recevoir un nom avant que l'idée abstraite d'extension se soit exprimée dans une racine commune ; ce nom fut d'abord imitatif, comme il l'est encore aujourd'hui dans tous les idiomes des sauvages.

En dépit de l'arrêt de Max Müller, qui les déclare

stériles, les interjections sont, elles aussi, une
source féconde de mots. La douleur, la crainte,
l'étonnement, la joie, le dégoût, la colère, le
mépris, provoquent certains mouvements involontaires du gosier, des lèvres, des narines ; les sons
qui en résultent sont, par suite, les mêmes chez tous
les hommes, et une patiente analyse les retrouve
sans trop de peine dans les substantifs et les verbes
qui expriment ces diverses émotions. C'est du
moins ce que nous semble démontrer suffisamment le court et solide ouvrage de M. Wedgwood.
Ne prenons qu'un seul exemple. — Dans l'étonnement, dans l'attention énergique et concentrée, on
ouvre instinctivement la bouche ; la cause en est
probablement que, par suite de la communication
interne qui existe entre la bouche et les oreilles,
nous entendons mieux quand l'air, qui est le véhicule du son, remplit la cavité des joues. Aussi,
lorsque nos facultés sont vivement sollicitées par
l'observation d'un objet qui excite la surprise, la
bouche s'ouvre-t-elle comme d'elle-même pour
faciliter la perception du moindre bruit venant de
l'objet. Les lèvres, en se séparant, semblent prononcer la syllabe *ba*, que nous retrouvons, dans
les langues les plus diverses, comme racine des

mots qui expriment l'étonnement, l'attention soutenue, la vigilance, l'attente, l'action d'épier, et, en
passant du phénomène mental au phénomène
physique, l'action de bâiller, d'ouvrir la bouche,
et, enfin, celle d'ouvrir en général. La répétition
de la même syllabe donne les exclamations de
surprise, βαβαί en grec, *babæ*, *papæ*, en latin ; de
même *bah!* en français, les verbes *ébahir*, *ébaudir*
(faire crier *ba*). En langue zoulou, *babaza* veut dire
étonner ; en italien, *badare*, examiner attentive-
ment, épier, flâner, s'arrêter ; *stare a bada*, observer ; en provençal, *badalhar*, bâiller, *badar*, ouvrir
la bouche, *pouerto badiero*, une porte ouverte ; en
portugais, *bahia*, une ouverture par où la mer
pénètre dans les terres, une baie ; dans le dialecte
breton, *badalein*, bâiller, *bada*, être étonné, stu-
péfié. Rapprochez enfin le vieux français *baier*,
béer, être attentif, à *gueule bée*, *abaier* (écouter
avec étonnement), et la forme encore usitée *béant*,
d'où l'anglais *abeyance*, attente [1], etc.

D'autre part, il est fort probable que les premières
syllabes prononcées par l'enfant sont devenues dans
toutes les langues les racines fécondes d'un grand

1. Wedgwood, p. 63-66. — M. Farrar ajoute : *Babel* (confusion), *Babylone*, etc.

nombre de mots. On a dressé la liste des noms qui, dans tous les idiomes connus, expriment les idées de père et de mère ; sauf quelques exceptions, on constate qu'à tous les degrés de la civilisation, sur les points du globe les plus éloignés, les syllabes *pa* et *ma*, ou tout au moins les consonnes *p* et *m*, en forment l'élément essentiel et primordial [1]. Ordinairement *p* ou *pa* désigne le père, *m* ou *ma* la mère ; mais le contraire n'est pas rare. Doit-on penser, avec M. Max Müller, que *pitar*, en sanscrit, πάτηρ, *pater*, *père*, *papa*, *father*, dans les différentes langues indo-européennes, viennent d'une racine commune, *pa*, qui veut dire protéger ; que *mâtar*, μήτηρ, *mater*, *mère*, *maman*, *mother*, *mutter*, etc., dérivent de la racine *ma*, produire ? Ne serait-ce pas plutôt qu'à toutes les époques, dans tous les pays, les parents épiant, pour ainsi dire, les premières articulations sorties de la bouche de l'enfant, ont recueilli ces deux syllabes si douces à entendre, et que, par suite, elles ont servi presque partout à

---

1. « Les redoublements *papa* et *mama*, si familiers à nos oreilles européennes, ont étonné plus d'un voyageur, qui les a trouvés en usage chez les nègres d'Afrique, aussi bien que chez les sauvages de l'Amérique et de l'Océanie. » (Pictet, cité par Farrar, p. 140-141.) — Voy. la liste des mots dérivés de *pa* et de *ma* dans Farrar, p. 141-142 ; de même les syllabes *da*, *ta*, *mu*, etc.

désigner ceux-là mêmes qui sont le plus près de l'enfant, ceux que ses doigts et son sourire semblent montrer et nommer au moment où il les prononce? Bref, il est permis de croire, à l'inverse de l'explication proposée par Max Müller, que les racines sanscrites *pa* et *ma*, protéger et produire, ont été tirées, par un travail ultérieur d'abstraction, des mots qui primitivement ont signifié père et mère [1]. Et l'hypothèse est d'autant plus vraisemblable qu'il est bien prouvé que, si l'enfant apprend la langue de ses parents, ceux-ci, à leur tour, sont obligés de faire l'apprentissage de la sienne [2]; comment donc n'en retiendraient-ils pas certains mots, certaines syllabes, celles-là surtout qui s'échappent les premières de ses lèvres? Plusieurs philologues se sont attachés à signaler nombre de vocables employés dans les *nurseries* anglaises, allemandes, italiennes, françaises, etc., et qui ont peu à peu conquis droit de cité dans la langue des adultes.

Mais, dira-t-on, si considérable qu'ait été à l'origine l'influence de ces différentes causes, elle est loin de suffire quand on considère l'immense multitude de mots qui n'ont pu venir ni de l'ono-

1. Wedgwood, p. 95.
2. Alb. Lemoine, *La physionomie et la parole*.

matopée, ni de la reproduction du langage enfantin.
Rien de plus vrai ; mais le principe de l'imitation
ne s'arrête pas là. L'homme peut traduire, par les
articulations de sa voix, outre des sons, des mouvements, et en général des qualités. C'est ce que
Platon a supérieurement marqué dans un passage
célèbre auquel les grandes discussions contemporaines sur le sujet qui nous occupe donnent une
importance nouvelle et presque inattendue. « Il
peut sembler ridicule, dit Socrate dans le *Cratyle*,
de dire que les lettres et les syllabes représentent
les choses, et cependant nous n'avons pas de
meilleure explication à donner... Il me semble
que la lettre *R* est l'organe du mouvement. Celui
qui a imposé les noms l'a prise comme exprimant
le transport [1], comme dans les mots : *sourdre,
source, tremblement, rapide, frapper, rompre,
fracasser, broyer, morceler, tourner* [2]. C'est par la
lettre *R* que le nomenclateur a rendu ces mots
expressifs ; il a remarqué que, dans la prononciation de cette lettre, la langue remue rapidement.
Il s'est servi de la lettre *I* pour toutes les choses

1. Φορά.
2. Ῥεῖν, ῥοή, τρόμος, τραχύς, κρούειν, θραύειν, ἐρείκειν, θρύπ-
τειν, κερματίζειν, ῥυμβεῖν.

minces qui pénètrent à travers les autres choses,
et c'est par l'*I* qu'il caractérise l'action d'introduire [1]. La manière dont la langue presse et appuie
pour prononcer le *D* et le *T* lui aura paru bonne
pour exprimer ce qui détient [2] et la station [3].
Comme la langue coule dans la prononciation de
L, il s'est servi de cette lettre pour exprimer ce qui
est lisse, ce qui est moelleux [4]. Le *G*, faisant faire
à la langue un mouvement contraire au précédent,
a servi à exprimer ce qui est gluant, agglutiné [5].
L'*N*, se produisant dans l'intérieur de l'organe,
exprime le dedans, l'intérieur [6]. Il a consacré l'*A*
à la largeur, l'*I* long à la ligne, l'*O* à la rondeur.
C'est ainsi qu'il a approprié à la nature de chaque
chose les lettres et les syllabes dont il forme
ensuite les autres mots toujours imitatifs. »

Cette application nouvelle du principe de l'imitation met déjà dans tout son jour le rôle immense
de l'analogie dans la formation des mots. N'est-
ce pas en effet procéder par analogie que de

1. Ἰέναι, ἴεσθαι.
2. Δεσμός.
3. Στάσις.
4. Λεῖον, Λιπαρόν.
5. Γλίσχρον, γλυκὺ, γλοιῶδες.
6 Τὸ ἔνδον τὸ ἐντός.

peindre avec des sons articulés la rapidité, la lenteur, la stabilité, et généralement les propriétés extérieures des objets? Mais dans cette voie les progrès sont en quelque sorte illimités. Si, par exemple, une articulation rapide et brève traduit à l'oreille un mouvement de même nature, elle pourra aussi bien donner l'idée d'un espace court, car un tel espace est vite parcouru ; par suite, elle exprimera tout objet petit, faible, insignifiant. — C'est encore à l'analogie qu'il faut rapporter ce procédé, si fréquent dans les idiomes sauvages, de la répétition. Il servira à traduire tantôt la continuation de l'action, tantôt l'agent ou l'instrument de cette action, tantôt la grandeur ou la petitesse de l'objet. Ainsi, dans la langue maorie, *puka* veut dire *palpiter*, *puka-puka* les poumons; *muka*, lin ; *muka-muka*, essuyer, frotter ; chez les naturels australiens, *bou-rie* signifie *petit; bou-rie bou-rie*, très-petit. Une certaine tribu du Brésil appelle un ruisseau *ouatou*, et la mer *ouatou-ou-ou* (le ruisseau très-grand). De même en latin, *murmur, susurrus* (*sur surrus*), etc. [1].

Il faut admettre enfin qu'à l'origine ces diffé-

1. Wedgwood, p. 121. — Tylor, *la Civilisation primitive*, tr. franç., t I, p. 254.

rents procédés ont donné naissance dans le même idiome à plusieurs formes diverses pour traduire la même idée ; de là entre les mots cette sorte de lutte pour l'existence si bien décrite par Schleicher. Les formes les plus simples, les plus intelligibles, ont peu à peu éliminé leurs rivales. Ce travail de sélection s'est fait comme de lui-même, mais non sans le concours inconscient de l'esprit humain ; car, après tout, c'est lui seul qui, selon les lois nécessaires de logique qui lui sont inhérentes, choisissait. Ce choix dut être d'autant plus rapide que l'idiome était de formation plus récente ; par suite, des dialectes sortis d'une souche commune ont dû promptement diverger, au point que leur parenté devint presque méconnaissable. C'est ce que confirme ce fait, rapporté par quelques voyageurs, que, dans certaines peuplades, les hommes qui s'éloignent pour une expédition un peu longue ont peine à comprendre au retour le langage des femmes et des enfants.

IV

Cet exposé sommaire de quelques théories nouvelles sur l'origine du langage nous conduit, on le voit, à des conclusions assez différentes de celles de Max Müller et des philologues de son école. S'ensuit-il que nous supprimions la barrière qu'il a cru pouvoir élever entre le langage émotionnel et le langage intellectuel, et que nous refusions de reconnaître dans la formation des mots l'opération de facultés exclusivement propres à l'homme? — En aucune façon.

Il est d'abord à remarquer que le procédé de l'imitation, tout naturel et spontané qu'en paraisse l'emploi, implique déjà la réflexion et la volonté. La bête en est incapable. On n'a jamais vu l'agneau, le bœuf, le singe même, après avoir échappé à la poursuite d'un lion, exprimer la cause de leur terreur par un rugissement. — La conformation de leur organe vocal s'y oppose, dira-t-on; — soit; mais n'est-ce pas la preuve que la faculté d'imiter les sons du dehors n'existe pas dans leur esprit? L'onomatopée n'est déjà plus le cri soudain, irrésistible de l'émotion; elle est une traduction, par l'intelligence, de quelque chose d'extérieur; elle est analogue au dessin qui retrace à l'œil le contour des formes; et il n'y a pas, que nous sachions, d'exemple d'un animal qui ait dessiné sur le sable, avec sa patte ou son

bec, l'image, si grossière qu'elle fût, d'un objet.
C'est que la production imitative des sons et des
formes n'est possible qu'à la suite d'une abstraction, et que la faculté d'abstraire semble bien
être le privilège de notre espèce en même temps
que la source de tout langage. — Supposons
l'homme des époques primitives en lutte avec le
plus puissant des carnassiers : tant que dure la
bataille, il pousse les cris inarticulés de la terreur
et de la rage ; il n'y a rien là que de bestial. Vainqueur, il revient près des siens ; il veut leur
raconter le danger qu'il a couru. Comment désigner l'animal dont il a failli être victime ? Bien
des traits divers le dépeignent dans son imagination ; il revoit cette tête énorme, ces bonds prodi-
gieux, cette queue qui s'agite furieusement, cette
gueule effroyable, toute prête à déchirer ; il sent
encore sur lui l'haleine brûlante du monstre, il l'entend rugir. Dans tous ces caractères, il faut qu'il
fasse un choix, et, par une abstraction rapide sans
doute, mais en définitive volontaire et réfléchie,
il met à part le plus expressif, celui qui, l'ayant
le plus frappé, doit frapper aussi le plus vivement ceux à qui il s'adresse : le rugissement. Qui
ne voit par là que l'onomatopée est déjà un

signe intellectuel, un type phonétique abstrait ?

J'en dirai tout autant de l'imitation des mouvements, si bien décrite par Platon dans le passage mentionné plus haut. Si le son que produit l'émission rapide de l'air par le larynx a primitivement exprimé l'idée d'un objet qui s'écoule rapidement (ῥέω, ῥοή), il a fallu d'abord dégager cet attribut de tous ceux qui sont communs à cet objet. L'eau d'une rivière est brillante, froide, sonore ; elle étanche la soif ; elle engloutit le baigneur imprudent, la barque mal dirigée, etc. ; voilà bien des caractères que le *nomenclateur*, comme dit Platon, a dû laisser à l'écart pour aller droit au trait essentiel, qui est la rapidité de l'écoulement. La condition d'un tel choix, c'est donc toujours la faculté d'abstraire, de considérer une qualité à l'exclusion des autres.

On peut aller jusqu'à dire que le langage ne nomme pas proprement des choses, mais seulement des qualités. Pourtant les mêmes qualités conviennent souvent à plusieurs choses différentes ; le même signe pourra ainsi servir à désigner plusieurs réalités d'espèces distinctes qui se ressemblent par un trait commun. Quelque imitatif qu'il ait été à l'origine, le mot fut donc dès le principe un produit non-seulement de l'abstraction, mais de la généralisation. — J'ajoute que le mot est doublement abstrait et général, car le signe qui a été tout d'abord choisi pour exprimer *lion*, *arbre*, *rivière*, etc., a dû servir immédiatement à nommer, non pas tel individu spécial et isolé, mais tous ceux de la même espèce. Par là se trouve suffisamment réfutée l'assertion des évolutionnistes qui prétendent que les sauvages n'ont pas de termes abstraits. Tout mot est abstrait, par cela seul qu'il est un mot.

Quant aux choses qui ne tombent pas sous les sens, il est infiniment probable que primitivement elles furent toutes nommées par analogie avec certains objets ou phénomènes matériels. La métaphore a été et est encore aujourd'hui l'une des sources les plus fécondes du langage. Sans doute, ces analogies furent d'abord superficielles, presque arbitraires ; la plupart nous échappent ; mais l'important pour l'homme, c'est qu'un signe soit attaché à une idée ; l'usage, la tradition, consolident le lien, fragile au début, qui les unit. Et que sont ces procédés analogiques et métaphoriques, sinon l'application de ces mêmes pouvoirs d'abstraire et de généraliser, condition essentielle de tout langage humain?

On ne manquera pas de nous objecter que par là nous faisons du langage l'œuvre volontaire et réfléchie de l'homme, à l'encontre d'une théorie fort accréditée qui n'y voit que le produit inconscient d'une sorte d'instinct; mais cette théorie n'a jamais fourni aucun argument décisif en sa faveur.

Un psychologue des plus pénétrants, Albert Lemoine, a judicieusement observé que, si la grammaire d'une langue traduit au dehors les lois nécessaires de la logique et, par suite, peut être considérée comme l'expression spontanée de la pensée en acte, il n'en est pas de même du vocabulaire. Celui-ci se forme peu à peu, par additions successives; il s'enrichit et se modifie incessamment et dans la plus large mesure. Les mots qui le composent ont tous été créés, et cela par une volonté expresse; chacun d'eux a commencé d'exister un certain jour, quelqu'un l'a lancé dans le monde, et la société tout entière est devenue sa mère d'adoption. C'est ce que démontre, par des considérations nouvelles et avec une autorité qui admet difficilement la réplique, l'éminent phi-

lologue américain M. Whitney, dans son livre *la
Vie du langage.*

Irons-nous jusqu'à prétendre qu'il fut un temps
où l'homme ne parlait pas? Cette hypothèse n'a
rien d'invraisemblable [1], et elle n'implique pas
nécessairement qu'un état d'isolement absolu ait
précédé dans l'histoire du genre humain les premières formes de l'existence sociale : l'homme a
pu d'abord communiquer avec ses semblables par
gestes, par signes, par différents moyens inarticulés d'expression. Elle n'implique pas davantage
que la pensée et la réflexion aient été absentes
au début ; loin d'être fille du langage ou même
de naître en même temps que lui, la pensée lui est
logiquement et chronologiquement antérieure,
comme l'ouvrier à l'instrument. L'enfant reste
des mois sans parler ; dira-t-on qu'il n'est pas un
être humain, qu'il est incapable de se faire comprendre ou que nulle pensée n'existe en lui? Le
sourd-muet n'est-il pas à la fois un être intelligible
et intelligent? D'ailleurs, tout en admettant que
le langage soit en toute rigueur une invention
de l'homme, rien n'empêche de supposer que cette

1. Voy. Wedgwood, p. 139.

découverte fut une des premières et qu'elle a été presque contemporaine de l'humanité et de la société. Quoi qu'il en soit, fort du témoignage si grave de M. Whitney, nous n'hésitons pas à croire que le langage est l'œuvre, non d'une faculté spéciale d'expression et d'interprétation, comme le voulaient Jouffroy et Garnier, mais simplement de ces facultés d'abstraire et de généraliser qui, essentielles à l'esprit humain, furent en acte dès le premier jour, et ont créé avec la parole tous les arts, toutes les sciences, toutes les manifestations infiniment variées de la pensée réfléchie.

Que ces facultés à leur tour aient dû au langage de rapides et merveilleux développements, qui le conteste ? Mais ce qu'il importe de maintenir, c'est qu'à l'égard du langage elles sont causes, non effet ; c'est que l'homme primitif, qui, pour inventer la parole, dut les posséder à un degré déjà remarquable, était, par elles, à une distance incommensurable de la brute ; c'est qu'enfin tout concourt à démontrer qu'elles sont la vraie caractéristique de notre espèce, le signe de sa dignité et de sa royauté. Nous consentirons à en reconnaître l'existence chez la bête, quand on nous aura montré un animal inventeur d'un langage tout

pénétré, comme le nôtre, d'abstraction et de géné
ralisation, c'est-à-dire de pensée ; mais l'animal
ne parle pas, au sens humain du mot. Μέροπες ἄνθρω-
ποι, les hommes au langage articulé, disait le vieil
Homère, exprimant ainsi, par une intuition profonde du vrai, une distinction que tout l'appareil
de la science moderne n'a pas réussi à marquer
d'un trait plus exact : λόγος, disait mieux encore
cette admirable langue grecque, traduisant, par
le symbole d'un même vocable, la parenté nécessaire de la pensée et de la parole, du verbe et
de la raison [1].

1. Voyez la note à la fin du volume.

CONCLUSION

Nous avons maintenant à résumer en peu de mots les éléments d'une conclusion dogmatique, épars dans la suite de ces études.

S'il est vrai que les questions d'origine échappent à l'observation et à l'expérience directes, elles ne sont pas pour cela antiscientifiques; des hypothèses fondées sur les faits permettent de leur donner des solutions, plus ou moins voisines de la certitude. Les faits, ici, ce sont les caractères psychologiques, religieux et moraux de la nature humaine; nous avons cru pouvoir en conclure, avec une rigueur suffisante, qu'entre le règne animal et le règne humain, la théorie de l'évolution n'a pas réussi à montrer le passage; qu'il n'est pas prouvé encore que l'homme soit un animal transformé.

Ni l'instinct ne procède de l'action réflexe, ni la raison de l'instinct. Les formes les plus élémentaires de la croyance à la vie future, les manifestations primitives du sentiment religieux, le langage, la moralité, nous ont révélé *quelque chose* qui, dès l'origine, dut établir, entre notre espèce et les autres, une ligne de démarcation infranchissable.

Ce quelque chose, qu'est-ce donc? C'est essentiellement le libre retour de la conscience sur elle-même, dans l'acte de la réflexion; c'est la faculté qu'a l'homme de se saisir lui-même à titre d'être distinct, et de dire *moi;* c'est, d'un mot, la personnalité.

J'accorde à l'animal toute l'intelligence qu'on voudra; je lui concède volontiers et l'association des idées, et le jugement, et le raisonnement même, qui tire une conclusion particulière d'un fait particulier plus ou moins fréquemment observé. J'irai jusqu'à lui attribuer, si l'on veut, la capacité de choisir entre deux résolutions à prendre, quelque chose comme une ébauche de la volonté. — J'attends qu'on me prouve qu'il peut réfléchir sur tout cela, que ses opérations intellectuelles se redoublent en quelque sorte dans une conscience qui les analyse avec désintéressement, en modifie l'application, en perfectionne l'exercice : bref, qu'il peut se connaître en tant qu'être distinct de la nature et de ses propres sensations.

L'homme sans doute ne débuta pas par être psychologue et métaphysicien. Le flot des impressions venues du dehors passait et repassait sur son âme encore passive, les idées s'associaient et s'enchaînaient d'elles-mêmes; il n'était jusque-là que l'un des mammifères supérieurs. Mais voilà que parmi ces impressions qu'il subit, qu'il est indifféremment tour à tour, il en arrête une, la fixe par l'attention, la transforme en idée par une attention plus longue et plus réfléchie : dès ce moment, l'homme intellectuel et moral est véritablement né. En effet, par cela qu'il a rompu la série fatale des sensations dont il était le jouet inerte, il s'est distingué d'elles; il s'est posé en face d'elles; il a, pour la première fois, fait acte de personne libre; il a créé la condition fondamentale de la pensée, l'opposition du *moi* et du non-moi. Si le dehors l'assiège et l'enveloppe, il sait désormais qu'il est autre que ce dehors, autre que les innombrables formes séduisantes ou redoutables qui pénètrent en lui par toutes les portes des sens, ou que l'ima-

gination et la mémoire font à chaque instant re-
vivre ; il s'est conquis sur le monde et le domine
à jamais.

Ce *moi*, qui par la réflexion s'est ainsi séparé du
non-moi, se retrouve identique à lui-même aux
différents moments de son existence réfléchie.
L'objet ou l'impression qu'il s'oppose varient incessamment ; l'acte par lequel se fait l'opposition
ne varie pas. Et cet acte manifeste un pouvoir qui
va grandissant, à mesure qu'il s'exerce, dans la
conscience qu'il a de sa permanente énergie : c'est
la volonté.

Que la volonté soit l'essence de l'âme humaine,
on ne le contestera pas, si l'on considère qu'elle
constitue toute la réalité de l'acte d'attention,
lequel crée la pensée et la conscience réfléchie,
c'est-à-dire l'homme intellectuel et moral tout
entier. Elle est le fil continu qui relie entre eux
les phénomènes successifs dont se compose l'histoire de notre être ; elle est la force qui maintient,
pour ainsi dire, la conscience au-dessus du niveau
des sensations et l'empêche de s'écouler, de se
dissoudre en chacune d'elles.

Condition de la permanence et de l'identité du
moi en face des impressions infiniment mobiles et

diverses que le dehors fait sur nous, elle ne saurait affirmer d'elle-même que l'existence ; elle se sent comme une énergie surabondante qui dépasse le présent et se prolonge dans l'avenir, au même titre qu'elle se reconquiert incessamment sur le néant du passé. Là est le vrai fondement de la croyance à la vie future, croyance aussi naturelle à l'homme que l'acte de la réflexion et conséquence naturelle de celui-ci.

Mais si, par sa conscience réfléchie, l'homme domine la nature, il ne la supprime pas. Elle subsiste autour de lui, mystérieuse, hostile ou bienfaisante, au commencement plutôt hostile. Elle déploie des forces immenses et, par quelques-uns au moins des êtres qu'elle renferme, paraît jouir d'une presque éternité. Elle témoigne en mille rencontres d'une industrie merveilleuse, d'un ordre majestueux et impassible ; que l'homme pénètre de plus en plus et auquel, par la jouissance élevée qu'il éprouve à en contempler les détails et à en surprendre les secrets, il suppose un principe analogue à sa propre pensée. En même temps, il lui attribue un pouvoir sans limites, arbitraire et souvent irrité, dont les grands cataclysmes du monde physique, les arrêts soudains du cours

habituel des choses, sont les plus terribles manifestations. Puis, revenant sur lui-même, et consi-
dérant les misères de sa vie, ses efforts tant de
fois vaincus par la fatigue, la douleur, la maladie,
sa mort assurée, celle, plus cruelle pour lui, des
êtres qu'il aime, il conçoit, vaguement d'abord,
une existence affranchie de tous ces maux, et revêt
l'auteur de la nature d'un bonheur inaltérable,
impérissable, dont il se flatte, sous certaines conditions, de participer un jour.

Un rapport intime rattache en effet les dogmes
de l'immortalité personnelle et de l'existence de
Dieu à la notion d'une règle des mœurs. Il serait
difficile et peut-être sans intérêt de déterminer
s'il existe, entre ces différents termes, une filiation
chronologique, et selon quel ordre ils ont fait leur
apparition dans la conscience humaine. Tout porte
à croire qu'ils sont contemporains, qu'ils s'éclair-
cissent et se précisent l'un par l'autre. En tout
cas, si les deux premiers nous ont paru dérivés du
fait fondamental et primordial de la réflexion, cela
est plus manifeste encore du troisième. La volonté,
prenant possession d'elle-même dans l'acte de
l'attention, se connaît nécessairement à titre d'énergie dont la nature est de se renouveler et de

grandir à mesure qu'elle se déploie; mais cette
exsertion d'une force libre ne saurait se faire au
hasard et pour ainsi dire dans le vide; il lui faut
un objet qui la sollicite, un but qu'elle poursuive,
un idéal qu'elle aspire à réaliser. Cet idéal varie
sans doute selon les lieux et les époques; mais
partout et toujours s'impose à la raison de l'homme,
si rudimentaire qu'elle soit, la conception d'un
moi plus parfait que celui que lui représente actuellement sa conscience, et à sa volonté l'obligation
d'exprimer, par ses libres efforts, la plus fidèle
image de ce modèle. Corriger tel défaut, acquérir
ou développer telle qualité, se rendre plus courageux, plus tempérant, meilleur en un mot, voilà,
dans sa formule primitive, la loi morale tout entière, et le grossier sauvage pour qui toute vertu
consiste peut-être à rire et à chanter au milieu des
supplices, démontre en réprimant, à la vue du po-
teau de mort, les lâches défaillances de sa nature,
l'existence de l'idéal moral et de l'*impératif caté-
gorique* aussi clairement que pourront le faire la
dialectique platonicienne ou l'analyse de Kant.

Si l'obligation de développer l'activité libre conformément au modèle de perfection que la raison
conçoit, constitue l'idée du devoir, celle de res-

pecter le développement légitime de personnalités semblables à la nôtre engendre l'idée du droit d'autrui. Et ainsi de la conscience que prend l'homme, dans le fait de la réflexion, de son activité libre, dérive, par un enchaînement nécessaire, la notion de la justice. Je ne parle pas de la charité, impulsion purement sensible à l'origine et qui n'apparaît qu'assez tardivement sans doute comme moralement obligatoire.

Il serait superflu de montrer comment les idées de mérite et de démérite, impliquées par celle d'une loi morale, ont dû fortifier et préciser la croyance à une autre vie; comment elles ont enrichi la conception d'une cause première, en revêtant celle-ci des caractères de législateur et de juge; comment, à leur tour, les prescriptions de la loi, presque toujours confondues à l'origine avec les volontés souveraines et arbitraires d'une puissance infiniment supérieure à l'homme, devinrent à la fois plus explicites et plus sacrées. Toutes les idées morales et religieuses, essentielles à notre espèce, sont unies dans l'esprit humain par des liens étroits et réciproques, indifféremment l'une pour l'autre conséquence et principe.

Du fait de la réflexion découle également le lan-

gage, ou plutôt l'ensemble des opérations intellectuelles, propres à l'homme, par lesquelles le langage est possible. Ces opérations, nous les avons
ramenées à deux principales, l'abstraction et la
généralisation. Or qu'est-ce que l'abstraction
quand, s'élevant au-dessus de la spontanéité primitive, elle prend déjà quelque chose d'un procédé méthodique? Un acte de volonté. L'abstraction, c'est la personne humaine se dégageant du
dehors, posant en face d'elle un objet qu'elle cir-
conscrit au milieu de la masse confuse dont il fait
partie, et, dans cet objet même, délimitant une
qualité particulière qu'elle considère à l'exclusion
des autres. Et la généralisation, c'est, pourrait-on
dire, un déploiement supérieur encore de l'activité libre, qui détache, pour ainsi parler, la qualité
abstraite, la promène sur la totalité des choses qui
présentent le même caractère, constate la ressem-
blance, et, après un nombre plus ou moins grand
de comparaisons, supprime tout élément individuel, toute condition de temps et d'espace, et
élève ainsi ce qui n'était d'abord qu'une sensation,
perdue dans la multitude des sensations simul-
tanées et voisines, à la hauteur d'une réalité sans
forme, réalité dont elle fait tous les frais, qu'elle

anime de son être propre, qu'elle crée, enfle, atténue et détruit à son gré. Si donc, comme nous l'avons vu, le langage est le produit de l'abstraction et de la généralisation, il est, par suite, l'expression naturelle de la personnalité humaine prenant conscience d'elle-même dans l'acte de la réflexion.

Ainsi, sans qu'il soit besoin d'insister davantage, il nous paraît prouvé que c'est bien de là que dérivent toutes les manifestations supérieures par où l'homme se distingue de la bête. Si l'animal était capable de se replier sur lui-même et d'y saisir un *moi* personnel, on ne voit pas pourquoi il ne s'élèverait pas, comme nous, au langage, à la moralité, à la religiosité. Réciproquement, s'il n'atteint pas à ces hauteurs, on en peut sûrement conclure que c'est parce qu'il ne réfléchit pas. Et, quelque modestes qu'aient été les commencements de l'humanité, il faut bien admettre, pour expliquer le progrès, qu'elle contenait en germe, dès le premier jour, les conditions psychologiques de tous ses développements futurs. L'accumulation des expériences et des réflexions qu'elles ont provoquées pendant le cours des siècles, l'action mystérieuse de l'hérédité, les brutales et salutaires exigences de la lutte

pour la vie, la survivance des mieux doués à qui
la sélection garantit le privilège d'une postérité
plus nombreuse et plus forte, ont pu favoriser l'expansion presque indéfinie de ces virtualités la-
tentes : il est certain qu'elles ne les ont pas créées.

Mais enfin sommes-nous en droit, au nom de
caractères purement psychologiques et moraux,
d'opposer un téméraire démenti à cet ensemble de
témoignages et d'inductions sur lesquels le transformisme croit pouvoir établir la descendance animale de l'homme? Nous avons déjà répondu à
cette difficulté [1]. Néanmoins nous accordons que
l'hypothèse d'une création spéciale de l'homme par
Dieu est de soi peu scientifique : le mérite du
transformisme, c'est de chasser le miracle en
expliquant par le concours de forces naturelles
l'origine des espèces vivantes et de l'humanité
même; il reste ainsi fidèle à la grande loi de continuité qui semble dominer toute l'histoire de l'univers. Mais ce mérite, faut-il absolument y renoncer,
parce que l'on refuse d'admettre que l'homme soit
sorti naturellement de l'animal? Ne pourrait-on
pas réduire à un minimum en quelque sorte infini-

1. Voy. 2e Etude.

tésimal la quantité d'action directe par laquelle Dieu est intervenu pour former l'espèce humaine au sein de l'animalité? Qu'on suppose, par exemple, avec Kölliker, une imperceptible modification des germes, soit un changement dans la composition des molécules qui les constituent, soit une légère variation dans la direction ou la vitesse des mouvements qui animent les atomes de ces molécules : cela ne suffirait-il pas pour commencer entre l'homme futur et son ancêtre animal une divergence qui, insaisissable à l'origine, irait se manifestant de plus en plus, à mesure que se développerait l'organisme issu de ce germe et que se déploieraient les facultés mentales dont il est la condition physiologique? Et ainsi, la plus délicate pression du doigt divin sur ce merveilleux mécanisme d'où naît l'être vivant serait capable de façonner les espèces anciennes en espèces nouvelles et plus parfaites, sans rompre, aux yeux de notre science, l'apparente continuité de la nature. J'avoue que, si subtile que soit l'opération, c'est toujours là, en un sens, un commencement absolu, partant un acte créateur. Mais ne semble-t-il pas que, confinée de la sorte dans l'étroite enceinte de l'orbite où se meuvent les atomes, elle ait moins de peine à se faire accepter de la raison scientifique que la fabrication *ex nihilo* d'un être adulte ?

Je n'ignore pas que l'hypothèse de Kölliker sur l'origine des espèces a été vivement combattue par d'éminents naturalistes [1] ; elle peut néanmoins invoquer en sa faveur l'assentiment d'un homme dont personne ne récusera la compétence. Après avoir montré la nécessité d'admettre des créations successives, M. Milne Edwards ajoute : « Lorsque le zoologiste emploie le mot création, il lui faut préciser le sens qu'il y attache. En effet, il ne saurait s'associer à ceux qui représentent la Divinité pétrissant de ses mains la matière brute pour réaliser l'idée préconçue de tel ou tel être organisé, et insufflant dans cette machine encore inerte le principe de la vie ; il ne cherche pas à rabaisser de la sorte jusqu'à lui la puissance régulatrice de toutes choses ; il avoue son ignorance absolue touchant les moyens que le Créateur a employés pour créer ou pour régler quoi que ce soit ; et, à mon avis, lorsqu'il parle de la naissance d'une espèce nouvelle, il ne prétend nullement que celle-ci soit sortie de la poussière plutôt que de l'organisme

___

1. Voy. Oscar Schmitt, *la Philosophie de l'inconscient et la Science.*

d'un animal préexistant dont le mode de constitution était autre ; il veut dire seulement que les propriétés connues de la matière, soit inerte, soit
vivante, sont insuffisantes pour donner un pareil
résultat ; que l'intervention d'une cause occulte,
d'une puissance supérieure, d'un ordre quelconque, lui paraît nécessaire... Cette production
inexpliquée d'êtres animés réalisant une forme nouvelle et aptes à transmettre cette forme à leurs descendants équivaut, pour le zoologiste, à la création
d'une espèce, et, d'après ce que nous savons des
phénomènes embryogéniques, il me paraît probable que les modifications introduites de la sorte
dans certains termes de la série d'individus nés les
uns des autres ont dû s'effectuer dans les germes
ou dans les embryons très-jeunes plutôt que dans
la constitution des organismes déjà développés [1]. »

Quoi qu'il en soit d'ailleurs de cette hypothèse,
dont nous n'indiquons, bien entendu, l'application
à notre espèce que comme une simple possibilité,
ce qui importe à l'homme, c'est moins de savoir
comment il est venu sur la terre que de s'assurer,
par la connaissance exacte de sa nature, de son

1. Milne Edwards, *Rapport sur les progrès des sciences
zoologiques en France*, p. 429-431.

incomparable dignité relativement aux êtres qui l'entourent. Par là, il se met vraiment à sa place, il se rend mieux compte de ses devoirs, il prend une conscience plus claire de ses destinées, il confirme enfin sur les bases solides de la raison les obscurs et puissants instincts qui, dès les premiers jours où son espèce parut sur la planète, élevèrent ses regards vers l'Auteur inconnu de toutes choses et lui firent rêver des destinées immortelles.

NOTE

M. Ludwig Noiré, professeur à Mayence, a récemment exposé, sur l'origine du langage (*Der Ursprung der Sprache*, Mainz, 1877), une théorie nouvelle qui a reçu, sauf quelques réserves, l'approbation de l'illustre Max Müller. M. Noiré pense [1] que « le langage humain est sorti de la sympathie de l'activité », c'est-à-dire de la communauté d'action, de la collaboration imposée aux hommes primitifs. L'homme étant le plus sociable des êtres, il a dû, dès le principe, lutter de concert avec ses semblables contre les dures nécessités de la vie : nul effort isolé et individuel ne serait en effet parvenu à les vaincre. Or, toutes les fois que les muscles sont fortement tendus pour l'action, que les sens sont violemment excités, nous éprouvons une espèce de soulagement dans l'émission des sons. « Quand les hommes travaillent ensemble, que les paysans bêchent ou battent le

1. Nous empruntons tous les termes de cette analyse à un remarquable article de M. Max Müller, dont quelques fragments ont été traduits dans la *Revue philosophique* (mai 1878), et à l'élégant et fidèle compte rendu que M. Penjon a fait, dans le même numéro, du livre de M. Noiré.

blé, que les marins rament, que les femmes filent, que
les soldats marchent, ils sont disposés à accompagner
leurs occupations d'articulations plus ou mois vibrantes
et rhythmiques. Ces articulations, bruits, exclamations,
bourdonnements, chansons, sont une espèce de réaction contre le dérangement intérieur qui est causé par
l'effort musculaire. Ces sons possèdent deux grands
avantages. Ils sont dès le commencement des signes
pour des actions répétées, des actions préformées par
nous-mêmes et aperçues par nous-mêmes, mais qui ne
sont devant nous et qui ne persistent dans notre mémoire qu'à l'état de simples concepts. Chaque action
répétée ne peut être pour nous qu'un concept, compre-
nant les répétitions en une seule et n'ayant en effet rien
de tangible qui lui corresponde dans le monde extérieur.
Ici donc était le meilleur point pour passer de la perception à la conception. Secondement, comme ils ne
furent pas émis par un homme solitaire, mais par des
hommes associés dans la même action, ces sons ont cet
autre grand avantage qu'ils sont en même temps intelligibles. »

Les idées générales ne sont donc, en définitive, que
le produit, dans l'intelligence commune, de l'activité
collective appliquée à une même fin. Cette activité, en
se reflétant dans le langage primitif, a donné naissance
à la raison. La raison, loin de créer le langage, est en-
gendrée par lui. Le langage n'a servi d'abord qu'à désigner les modes divers de l'activité de tous; il n'a
exprimé les objets du monde extérieur que peu à peu
et à mesure que cette activité les marquait, pour ainsi
dire, de son empreinte. La philologie nous montre en
effet que les mots, à l'origine, représentent les choses
du monde objectif non comme des êtres actifs, mais

comme des êtres subissant l'action. « La main, dit
M. Noiré, la main qui saisit, l'instrument des instruments, qui est le mouvement même, mais le mouvement produisant des actions, c'est la main qui nous a
ouvert la création, qui a transplanté notre activité personnelle dans le monde des choses et les a réintégrées
ensuite, comme autant de produits de notre imagination, comme formes et objets, dans notre vie intérieure. » Le contenu de toutes les racines originelles,
c'est le travail humain, tel qu'il s'est primitivement
exercé. Toute racine exprime un acte, gratter, creuser,
entrelacer des rameaux, etc. Un des plus curieux exemples qu'en donne M. Noiré est celui qu'il emprunte au
mot σῶμα, qui, même dans Homère, désigne seulement
le cadavre. « L'homme a passé de l'idée de cadavre à
celle du corps vivant, et n'a désigné d'un mot particulier le corps humain que d'après l'action qu'il pouvait
lui faire subir ; la racine la plus ancienne de ce mot
exprime l'action de manger ; l'homme primitif n'a vraiment connu et nommé le corps humain qu'en le man-
geant. »

On peut se demander pourquoi, si le langage est ainsi
le produit et l'expression de l'activité collective, les animaux, certains du moins, ne parlent pas. « C'est, répond
M. Noiré, qu'il n'y a pas chez eux de sociétés dans le
même sens ou au même degré que chez l'homme. Les
sociétés des fourmis, par exemple, ou des abeilles, sont
comparables au corps humain, avec cette différence que
les parties qui composent celui-ci sont étroitement unies
et forment un *individu du second ordre*, tandis que les
éléments de ces associations animales ne sont pas liés
entre eux et peuvent se croiser et se mêler en toute
liberté : ce sont des *individus du premier ordre*. C'est

par la réunion seulement et le développement d'individus du second ordre que peut se former une unité
plus élevée, plus parfaite, un *individu du troisième
ordre*, comme l'humanité, à laquelle rien ne saurait être
comparé dans le monde. Les animaux, en effet, qui vivent en commun, bâtissent ou voyagent ensemble, ne
présentent que de vagues commencements d'instinct
social. Dans tous ces groupes, c'est l'association qui
permet de comprendre l'individu. La vie de la feuille
s'explique par la vie de l'arbre, plus encore que celle-ci
par celle-là. Les plus hautes facultés intellectuelles de
l'homme ont leur raison d'être et leur origine dans les
relations de l'individu avec la collectivité partielle ou
totale des êtres humains, et, suivant le mot de A. Comte,
« l'humanité explique l'homme [1]. »

Telle est, résumée aussi brièvement que possible, la
remarquable théorie de M. Noiré. Elle explique bien des
choses ; nous croyons, avec Max Müller, qu'elle n'explique pas tout. Il semble difficile d'admettre que l'homme
n'ait pas nommé les objets extérieurs avant de les avoir
pris pour objet de son activité. Cette activité, certes,
n'a jamais pu s'exercer sur le soleil, la lune, les étoiles ;
les corps célestes n'auraient donc été désignés dans le
langage humain que tardivement et pour ainsi dire par
des procédés détournés ? Nos premiers ancêtres n'auraient reçu aucune impression ni des montagnes, ni des
fleuves, ni des bêtes féroces, ou bien ces impressions
n'auraient d'abord donné naissance à aucun signe phonétique ? « Le langage humain, dit très-justement
M. Max Müller, a dû exprimer bientôt (on pourrait dire
dès l'origine) non-seulement des actions, mais aussi des

1. A. Penjon, article cité.

états ou même des souffrances... Nous écoutons active-
ment, nous entendons passivement ; nous sentons et
nous flairons, nous goûtons pour connaître une saveur,
et nous goûtons quelque chose d'amer malgré notre
désir. Quoique ces deux côtés soient souvent exprimés
par le même verbe dans le langage moderne, il y a
sans doute au commencement une claire distinction
entre les deux concepts. » J'ajoute qu'il n'est pas prouvé
que l'activité collective, source du langage, selon
M. Noiré, ait pu se produire antérieurement à tout langage ; elle paraît supposer déjà une entente commune,
laquelle implique elle-même la parole. On peut douter
enfin que les facultés d'abstraire et de généraliser doivent leur naissance au langage ; c'est le contraire qui
est probable. Concluons donc, avec M. Max Müller, que si
M. Noiré a découvert une source nouvelle et importante,
un fleuve aussi grand, aussi large et aussi profond que
le langage humain pourrait bien en avoir d'autres qu'il a
peut-être un peu trop méconnues.

FIN.

TABLE DES MATIÈRES

FIN DE LA TABLE DES MATIÈRES.